Deutsch 5. Klasse Gymnasium

So gelingt
der Übertritt!
Das bewährte Lernpaket
mit 110 Seiten Lernspaß für
gute Noten. Rechtschreibung,
Grammatik, Aufsätze & Co.
gezielt üben und
wiederholen

Druck: Amazon Deutschland oder Partner

Der Druck erfolgt in chlorfreier Tinte und das säurefreie Papier für den Innenteil des Buches wird von einem Anbieter mit Forest Stewardship Council-Zertifizierung bezogen. Alle Abfälle, die beim Drucken entstehen und sich im Büroalltag anfallen, werden ordentlich recycelt und verwertet. Zudem werden in der Zukunft weiterhin Prozesse stattfinden, um die Umweltfreundlichkeit zu versichern. Damit verpflichtet sich der Druckpartner Amazon und seine Partner dazu, seinen Teil zum Umweltschutz beizutragen.

Wir haben uns bewusst für den Druck durch Amazon entschieden – denn so werden nur die Bücher angefertigt, die auch benötigt werden. Unser Verlag verzichtet zudem auf überflüssigen Schriftverkehr und wickelt alle Prozesse digital ab. Dies spart Ressourcen und schont die Umwelt!

ISBN 978-3-949675-79-9

Einleitung

Herzlichen Glückwunsch: Die Grundschule ist vorbei und du bist endlich in der 5. Klasse. Es warten aufregende Zeiten und interessante Herausforderungen auf dich. Du lernst nicht nur neue Freunde kennen, sondern wirst neben spannenden Unterrichtsfächern auch Lerntechniken kennenlernen. Das kann am Anfang ganz schön viel sein. Aber keine Angst – du schaffst das!

Mit diesem Übungsbuch bist du bestens auf die neuen Herausforderungen vorbereitet: du kannst dich auf neue Themen vorbereiten und Gelerntes wiederholen und festigen.

In der 5. Klasse wirst du die Themen aus dem Deutschunterricht der Grundschule weiterentwickeln und festigen. Was Grammatik und Rechtschreibung angeht, hast du das meiste schon gelernt. Dafür lernst und übst du jetzt vermehrt, wie du Texte ausdrucksstark vorlesen kannst – flüssig und mit der richtigen Betonung. Auch das Schreiben von Texten wirst du verstärkt üben. Außerdem wirst du viele verschiedene Textformen kennenlernen, dich mit Geschichten und Gedichten befassen und erfahren, was hinter den Begriffen Epik, Lyrik und Dramatik steckt. Verschiedene Texte genau anzuschauen (Analyse) und zu verstehen, was sie bedeuten (Interpretation), ist richtig spannend. Sich selbst einzubringen, wird auch geübt, zum Beispiel, indem jeder sein Lieblingsbuch vorstellt.

Denk immer daran: Wichtig ist, dass du dich nicht zu sehr unter Druck setzt. Schau dir deshalb auch unbedingt die ersten Kapitel in diesem Übungsbuch an. Dort findest du jede Menge Tipps, wie du am besten lernst und entspannt an die Sache herangehen kannst. Wenn du täglich 15 bis 20 Minuten übst, wirst du schnell merken, dass dir das Lernen leichter fällt. Gut zu wissen: Im Lösungsteil findest du nicht nur die richtigen Antworten, sondern auch die Lösungswege. Das hilft dir, die Aufgaben noch besser zu verstehen.

Die Übungen werden dir helfen:

- den Wechsel ins Gymnasium zu meistern
- den neuen Anforderungen entspannt entgegenzublicken
- Wissenslücken zu schließen
- den gelernten Stoff zu wiederholen und zu festigen
- selbstständiges Arbeiten zu üben
- mit Spaß zu lernen
- entspannt und angstfrei in den Unterricht zu gehen
- neue Lernstrategien kennenzulernen und zu üben

Inhaltsverzeichnis

Die Grundlage: richtig Lernen lernen

Was ist Lernen?

Lernen ist ein Prozess, bei dem du deine Kenntnisse immer weiterentwickelst. Das heißt, dass du dir auf Grundlage von schon vorhandenen Kenntnissen neues Wissen aneignest. Besonders gut funktioniert das, wenn du dein Vorwissen praktisch einsetzt und dabei einen Bezug zu deinem Leben herstellst. Du könntest also zum Beispiel Deutschkenntnisse dazu benutzen, deiner Oma ein persönliches Gedicht zum Geburtstag zu schreiben. So wendest du Erlerntes direkt an, was dazu führt, dass du dir es besser merken kannst.

So funktionierts mit dem Lernen

Damit es mit dem Lernen klappt, ist deine Motivation besonders wichtig. Das heißt, dass du den Sinn des Lernens erkennst und Lust hast, dranzubleiben. Überlege dir also, warum du lernst, und versuche etwas Positives zu finden. Vergiss also die Antwort: „Weil ich muss." Denke daran, wie es sich anfühlt eine gute Note zu schreiben oder gelobt zu werden. Eine großartige Motivation ist zum Beispiel auch ein Berufswunsch oder das Ziel anderen im Unterricht helfen zu können. Je mehr Freude du beim Lernen hast, umso einfacher wird es dir fallen, dich immer wieder hinzusetzen, um konzentriert zu lernen. Doch auch Erfolgserlebnisse motivieren: Eine gute Note wird dich stolz machen und anspornen. Es ist aber auch motivierend, wenn du im Unterricht merkst, dass du Zusammenhänge verstehst und dir es zunehmend leichter fällt, Aufgaben zu lösen. Solche Erfolgserlebnisse zu erzielen, ist gar nicht so schwer. Es gelingt, wenn du dir gute Lernmethoden aneignest und ein Lernumfeld schaffst, das für Spaß und Ansporn sorgt.

Welcher Lerntyp bist du?

Es gibt verschiedene Lernmethoden, die jeweils auf die unterschiedlichen Arten des Lernens abzielen. Menschen lernen über verschiedene Sinne. Manche merken sich vor allem Gehörtes; andere behalten neue Informationen besser, wenn sie diese lesen oder aufschreiben. Es gibt also unterschiedliche Lerntypen. Je nach Lerntyp gibt es unterschiedliche Lernmethoden:

Auditiver Lerntyp

Lernen durch Hören

Auditive Lerner hören gern zu, singen gern und lieben Musik. Alles, was sie hören, bleibt besser in ihrem Gedächtnis haften.

Visueller Lerntyp

Lernen durch Sehen

Visuelle Lerner schauen gern Bilder an und legen meist auch Wert auf eine schöne Lernumgebung. Sie schreiben sich viel auf, arbeiten mit Farbmarkern und lernen am besten, wenn es zusätzlich zum geschriebenen Text Bilder gibt.

Taktil-motorischer Lerntyp

Lernen durch Anfassen und Bewegung

Taktil-motorische Lerner benutzen beim Sprechen oft die Hände und arbeiten gern mit verschiedenen Materialien. Außerdem lernen sie leichter, wenn sie sich dabei bewegen.

Verbal-logischer Lerntyp

Lernen durch Lesen und Analysieren

Verbal-logische Lerner gehen systematisch vor; mögen Übersichten und Tabellen. Sie möchten immer alles genau wissen, lösen gern Rätsel und lernen am besten, wenn sie Texte lesen und schreiben.

Kommunikativer Lerntyp

Lernen durch Gespräche

Kommunikative Lerner arbeiten gern mit anderen zusammen. Sie entwickeln Gedanken im Gespräch. Am besten lernen sie zu zweit oder zu dritt.

Viele Menschen lassen sich mehr als einem Lerntyp zuordnen. Je nach Situation oder Fach kann es eine andere Lernmethode sein, die dir beim Lernen hilft. Die meisten sind also Mischtypen und es können mehrere Lernmethoden angewandt werden.

Um deinen Lerntyp zu finden, solltest du die verschiedenen Methoden einmal ausprobieren und sehen, wie gut sie bei dir funktionieren. Denk auch an deine bisherige Schulzeit: Wie konntest du dir den Stoff am besten merken?

Tipps und Tricks, um richtig zu lernen

Der Ort, an dem du lernst hat einen riesengroßen Einfluss auf deinen Lernerfolg. Genauso, wie deine Vorbereitung und Vorgehensweise. Darauf solltest du achten:

1 **Fester Lernplatz und regelmäßige Lernzeit**

Du brauchst nicht unbedingt ein eigenes Zimmer, um richtig zu lernen. Aber du solltest einen festen Platz haben, der für dich und dein Lernen reserviert ist. Auch die Uhrzeit ist dabei wichtig. Finde heraus, wann du dich am besten konzentrieren kannst, und terminiere deine Übungen auf diese Uhrzeit. Solche Rituale helfen beim Lernen.

2 **Richte deinen Lernplatz ein**

Dein persönlicher Lernplatz sollte praktisch eingerichtet sein, sodass du alle Materialien zur Verfügung hast. Du solltest bequem und aufrecht sitzen können, aber keinesfalls lümmeln; Sofa oder Bett sind also weniger geeignet. Achte außerdem darauf, dass du während des Lernens nicht abgelenkt wirst: also weg mit dem Handy. Sorge dafür, dass nicht zu viel Trubel um dich herum ist.

3 **Mache dir keinen Druck**

Lass dich von Misserfolgen nicht entmutigen – das kann jedem passieren. Zu viel Druck und zu hohe Erwartungen können dazu führen, dass dein Gehirn blockiert und du nicht lernen kannst. Fehler sind erlaubt und sogar erwünscht, denn auch durch Fehler kannst du lernen.

4 Mache dir einen Plan

Zum Lernen braucht das Gehirn eine strukturierte Vorgehensweise. Auch bei Übungen zuhause ist deshalb ein Zeitplan sinnvoll. Lege unter Berücksichtigung deines schulischen Stundenplans und der zu erledigenden Hausaufgaben fest, wann du was lernst. Achte immer darauf, dass du genug Zeit einplanst, denn wenn du immer nur mit dem Blick zur Uhr übst, weil du noch andere Termine hast, dann bist du abgelenkt. Denke auch daran, Zeit fürs Wiederholen und für Kontrollphasen einzuplanen.

5 Stelle dich bewusst auf die Lernzeit ein

An manchen Tagen hast du vielleicht Stress in der Schule oder Streit mit Freunden oder deinen Eltern. Das sind Dinge, die vorkommen und dich ablenken können. Wenn der Kopf mit anderen Dingen voll ist, kann es schwierig werden, sich aufs Lernen zu konzentrieren. Weiter unten werden dir ein paar Möglichkeiten vorgestellt, wie du dich mit kleinen Konzentrationsübungen auf das Lernen einstellen kannst.

6 Stecke dir Teilziele

Manchmal erscheint einem der Lernstoff wie ein unbezwingbarer Berg. Teile dir deshalb den Lernstoff in kleine Abschnitte auf und bearbeite diese schrittweise. So lernst du entspannter. Außerdem motiviert es, wenn du einen Teil geschafft hast.

7 Beginne mit etwas Leichtem

Oft ist es vor allem am Anfang schwer, mit dem Lernen zu beginnen. Deshalb macht es Sinn, mit etwas Leichtem anzufangen. So hast du schneller Erfolgserlebnisse, die dich anspornen, die schwierigeren Aufgaben anzugehen.

8 Sorge für Abwechslung

Eintönigkeit kann den Lernerfolg abschwächen. Versuche, die Lernmethoden abzuwechseln. Zum Beispiel, indem du das eine Mal beim Lernen laut liest und beim nächsten Mal das Gelernte in deinen eigenen Worten aufschreibst. Auch kleine Bewegungspausen helfen, um Abwechslung in den Lernprozess zu bringen.

9 Bilder helfen beim Abspeichern von Gelerntem

Wenn du zu dem jeweiligen Lernstoff ein Bild vor deinem inneren Auge entstehen lässt, kannst du dir ihn leichter merken. Das Gehirn speichert Wissen, das mit Bildern verknüpft wird, besser ab. Vor allem beim Vokabellernen ist die Verknüpfung von Wort und Bild hilfreich.

10 Schreibe dir einen Spickzettel

Du hast richtig gelesen! Das Schreiben eines Spickzettels sorgt tatsächlich dafür, dass du später ohne diesen auskommst und ihn bei einer Klassenarbeit getrost zuhause lassen kannst – denn der Einsatz ist ja bekannterweise verboten. Es ist eine gute Möglichkeit, dein Wissen noch einmal ganz genau aufzuschreiben und zusammenzufassen. Man könnte das auch als unsichtbaren Spickzettel bezeichnen, denn meistens kannst du dir diesen problemlos bildlich vorstellen und die benötigte Information problemlos ablesen. Das Aufschreiben ist sowieso eine gute Lernmethode.

11 Sei kreativ

Verpacke den Lernstoff doch mal in kreative Geschichten. So kannst du die Inhalte mit Bildern und Emotionen verknüpfen. Das führt dazu, dass du dir sie einfacher merken kannst.

12 **Pausen machen**

Pausen sind wichtig, damit dein Gehirn das Gelernte auch verarbeiten kann. Am besten stehst du auf und bewegst dich ein bisschen. Gehe eine Runde spazieren oder im Garten spielen. Es heißt auch, dass neu Gelerntes im Schlaf gefestigt wird. Wenn du dir also kurz vor dem Schlafengehen beispielsweise noch ganz entspannt 5 bis 10 Vokabeln vornimmst, kannst du dir sie besser merken.

So kannst du beim Lernen vorgehen

1. Lege dir zuerst alle Lernmaterialien zurecht.
2. Lies dir deine Unterlagen einmal genau und konzentriert durch.
3. Finde eine Methode (einige Lernmethoden sind im kommenden Kapitel beschrieben), um die Inhalte wiederzugeben. Das können zum Beispiel selbst geschriebene Worte auf Karteikarten, gemalte Lernzettel oder Mindmaps sein. Sei ruhig kreativ.
4. Finde eigene Beispiele zu den Themen.
5. Erkläre Freunden oder Familienmitgliedern, was du gelernt hast.

Die 5 beliebtesten Lernmethoden

Die Loci-Methode

Bei dieser Technik bringst du Orte, die du kennst, mit den Lerninhalten in Verbindung. Beispiel: Wenn du dir eine Reihenfolge einprägen musst, kannst du in Gedanken einen bestimmten Weg entlanggehen und einzelnen Stationen auf dem Weg eine Information (= Lerninhalt) zuordnen. Stell dir einen Spaziergang in der Natur vor, mit dem du geschichtliche Ereignisse verknüpfst. Zu Beginn springst du über einen Bach, den du mit dem ersten historischen Ereignis verbindest. Der Baum am anderen Ufer steht für das folgende Ereignis und wenn du auf deinem weiteren Weg den Waldrand erreichst, verknüpfst du diesen mit dem nächsten Ereignis. Wenn du dein Wissen später wieder abrufen musst, machst du in Gedanken genau diesen Waldspaziergang. Im Deutschunterricht kannst du dir so zum Beispiel gut Dinge merken, die du auswendig lernen musst. Also zum Beispiel Autoren und ihre bekanntesten Werke.

Regelmäßige Wiederholungen

Wenn du im Deutschunterricht zum Beispiel ein Gedicht auswendig lernen musst, ist es besonders wichtig und hilfreich, das Gedicht so oft wie möglich zu wiederholen. So bleibt das Wissen auch im Langzeitgedächtnis. Das heißt, du kannst es dir viele Jahre lang merken und immer wieder abrufen.

Inhalte verstehen

Neben dem Auswendiglernen ist auch immer enorm wichtig, dass du die Lerninhalte auch verstehst. So kannst du sie auch später noch nachvollziehen, anwenden und auf andere Fragestellungen übertragen. Auf diese Weise kannst du auch ungewöhnliche Aufgaben sicher lösen.

Mindmaps zeichnen

Diese Technik eignet sich besonders für komplizierte Lerninhalte und um deine Ideen zu einem Thema zu sammeln. Im Deutschunterricht brauchst du das zum Beispiel, wenn du selbst einen Text schrieben sollst. Nimm dir ein großes weißes Blatt und schreibe in die Mitte das Thema. Von dort aus ziehst du Striche in alle Richtungen, sodass es wie eine Sonne aussieht. An das Ende der Strahlen schreibst du einzelne Unterpunkte. Von diesen Unterpunkten aus ziehst du wieder Striche und unterteilst sie so in kleinere Bestandteile. Auf diese Weise kannst du ein Thema in seine einzelnen Aspekte aufgliedern und dir einen geordneten Überblick verschaffen.

Listen erstellen

Durch Listen kannst du eine Struktur in deine Aufzeichnungen und den Lernstoff bringen. Du kannst auf diese Weise Informationen ordnen und schwierige Themen vereinfachen. Listen eignen sich auch, um einen Plan zu machen, wenn du etwas Umfangreiches lernen musst.

Konzentrationsübungen

Die Schule kann manchmal sehr fordernd sein. Man bekommt dann schnell das Gefühl, dass einem alles über den Kopf wächst. Das sind dann meist auch die Situationen, in denen nichts mehr geht und die Konzentration am Ende ist. Wenn es dir schwerfällt, dich zu konzentrieren, kannst du bestimmte Maßnahmen ergreifen, um das zu ändern.

Was ist Konzentration?

Konzentration ist die Fähigkeit, sich für längere Zeit auf eine Aufgabe oder Sache zu fokussieren. Wenn du fokussiert bist, kann dich nichts ablenken. Das heißt, du kannst Geräusche und Bewegungen ausblenden und dich ungestört einer bestimmten Sache widmen.

Die 6 besten Tipps und Übungen für eine bessere Konzentration

1. Entspannung

Sorge regelmäßig für Entspannung. Höre etwas Musik, lege dich hin und komme zur Ruhe. Danach kannst du dich wieder besser konzentrieren. Auch ein guter Schlaf in der Nacht ist wichtig, damit du dich tagsüber gut konzentrieren kannst. Weiter unten stellen wir dir ein paar Übungen vor, die zur Entspannung beitragen.

2. Fingerübung

Tippe mit deiner Daumenspitze nacheinander an die anderen Fingerspitzen. Nach ein paar Runden wiederholst du dies mit der anderen Hand, und später mit beiden Händen gleichzeitig. Diese Übung kannst du immer und überall ganz einfach machen, nicht nur in deinen Lernpausen.

3. Null-Acht-Übung

Stelle dich aufrecht hin und zeichne mit deiner linken Hand eine große 0 vor dich in die Luft. Danach zeichnest du mit der rechten Hand eine 8 in die Luft. Wiederhole das ein paar Mal im Wechsel. Anschließend zeichnest du beide Zahlen gleichzeitig in die Luft. Wenn das gut funktioniert, kannst du immer schneller werden.

4. Frische Luft schnappen

An der frischen Luft bekommt dein Gehirn mehr Sauerstoff, wird intensiver durchblutet und funktioniert wieder besser. Viele der hier genannten Übungen sind besonders effektiv, wenn du sie an der frischen Luft machst.

5. Schritte zählen

Diese Übung klingt leicht, erfordert aber jede Menge Konzentration und ist sehr wirkungsvoll. Sobald du zu Fuß unterwegs bist, zähle deine Schritte. Wenn du dich verzählst, fängst du wieder von vorn an. Wenn dir das zu einfach ist, zähle nur noch jeden 2. oder 3. Schritt.

6. Kennst du das Spiel „Der Boden ist Lava"?

Das macht Spaß und ist eine tolle Konzentrationsübung, die du auch gemeinsam mit deinen Freunden machen kannst. Bei dem Spiel stellst du dir vor, dass der Boden aus heißer Lava besteht. Deshalb darfst du ihn nicht berühren und musst dich irgendwie von Gegenstand zu Gegenstand fortbewegen. Also beispielsweise über Bänke, Spielgeräte, Mauern und so weiter.

Entspannungs-übungen

Regelmäßige Entspannung und Ruhephasen sind wichtig, um gut lernen zu können. Gerade dann, wenn dir mal wieder alles zu viel wird, sind Entspannungsübungen eine gute Hilfe, um zurück zur Konzentration zu finden. Hier stellen wir dir 2 Entspannungsübungen vor. Probiere sie einfach mal aus und überprüfe, ob dir das Lernen danach einfacher fällt. Denn nur ein entspannter Geist kann sich konzentrieren und kreativ sein.

Fantasiereise

Fantasiegeschichten laden zum Träumen ein. Die Geschichten können in der realen Welt oder in einer Traumwelt spielen. Es gibt sie als Hörbuch auf CD oder online im Internet. Lege dich dabei bequem hin, schließe deine Augen (wenn du magst), atme ruhig und höre zu. Die Geschichten sollen deine Vorstellungskraft und Fantasie anregen. Sie sprechen dich direkt an und beginnen zum Beispiel damit: „Stelle dir vor, du liegst auf einer Luftmatratze und schaukelst sanft auf den Wellen des Meeres." So ein Einstieg trägt dazu bei, dass du deinen Kopf ausschaltest und dich ganz entspannt nur auf die Geschichte konzentrierst.

Atemübungen

Auch bewusstes, ruhiges und tiefes Atmen fördert die Entspannung. Schaue dir die folgenden Übungen an und probiere sie aus. Vielleicht hilft dir eine oder mehrere der Übungen einfacher zur Ruhe kommen.

Wellenatmen

Lege dich bequem auf den Rücken. Atme langsam durch die Nase ein, spüre die Luft und stelle dir vor, dass sich diese zu einer hohen Welle auftürmt. Zähle dabei langsam bis 6. Sobald du das Gefühl hast, dass die Welle am höchsten Punkt ist, halte kurz die Luft an. Dann sinkt die Welle wieder. Atme langsam durch den Mund aus. Warte kurz und wiederhole die Übung.

Gorilla-Atmung

Stelle dich aufrecht hin und stelle dir vor, du bist ein Gorilla. Atme tief ein und halte dann die Luft an. Klopfe mit deinen Fingern auf deinem Brustkorb: von oben nach unten und von links nach rechts. Dann beugst du dich nach vorn und stützt dich mit den Händen auf den Oberschenkeln ab. Atme nun stoßweise die gesamte Luft aus. Richte dich wieder auf und atme normal weiter. Dann wiederholst du den Vorgang, doch diesmal trommelst du mit beiden Handflächen auf deinem Brustkorb. In der dritten Runde nimmst du deine Fäuste.

Verstehend lesen

Lies dir die folgenden Texte durch und bearbeite dann jeweils die anschließenden Aufgaben.

Was ist das denn? Kennst du die Giraffengazelle?

Hast du schon mal etwas von einer Giraffengazelle gehört? Das ist ein richtig seltenes und gut aussehendes Tier. Die Giraffengazelle gehört zu den Paarhufern und wird auch Gerenuk genannt. Du findest diese Gazellenart nur in Äthiopien, Somalia, Kenia und im Norden von Tansania. Das sind alles Länder auf dem großen Kontinent Afrika. Giraffengazellen halten sich am liebsten in der Dornsavanne auf. Dort wachsen vor allem hohe Gräser und vereinzelt dornige Bäume und Sträucher. Auch Pflanzen, die viel Wasser auf Vorrat speichern können, sind zu finden, zum Beispiel Affenbrotbäume.

Die Giraffengazelle ist eine schlanke und hochgewachsene Gazellenart mit langen und dünnen Beinen. Ihre Schulterhöhe ist etwa 110 Zentimeter und sie wiegt zwischen 32 und 50 Kilogramm. Einzigartig ist sie wegen ihrem langen und schlanken Hals, der ihr auch zu ihrem Namen verholfen hat. Giraffengazellen sind elegante und wunderschöne Tiere. In ihrer natürlichen Umgebung sind sie leicht zu übersehen, denn sie sind durch ihre Fellfarbe und Musterung meisterhaft angepasst, was sie vor Feinden schützt. An der Oberseite des Körpers haben sie eine rehbraune Färbung. Die Flanken, der Hals und die Läufe sind hellbraun. Der Bauch ist dagegen weiß und hebt sich farblich ab. Die männlichen Giraffengazellen tragen bis zu 45 cm lange Hörner.

Giraffengazellen fressen hauptsächlich Blätter. Zu ihren Lieblingsbäumen gehört beispielsweise die Schwarzdorn-Akazie. Beim Fressen stellen sie sich auf die Hinterbeine, um die leckeren Akazienblätter zu erreichen. Dabei halten sie sich mit den Vorderläufen an den Akazienzweigen. Durch diese Art der Nahrungsaufnahme hat die Giraffengazelle gegenüber Konkurrenten einen Vorteil. Das ist gut, wenn Trockenzeiten das Angebot verringern. Außerdem kommen sie mit sehr wenig Wasser aus. Sie nutzen die Feuchtigkeit in ihrer Nahrung sehr gut und verbrauchen sie sparsam. Ihr Organismus ist darauf spezialisiert, mit wenig Flüssigkeit auszukommen. So sind Giraffengazellen im Gegensatz zu vielen anderen Tieren der trockenen Gebiete nicht darauf angewiesen, Wasserstellen zu finden.

Die Weibchen der Giraffengazellen leben in kleinen Gruppen von zwei bis fünf erwachsenen Tieren – zusammen mit dem Nachwuchs. Ausgewachsene Männchen sind eher territoriale Einzelgänger, die zur Paarungszeit versuchen, Weibchen in ihren Revieren zu halten und sich mit ihnen zu paaren.

Aufgaben

1. Markiere alle wichtigen Wörter und Wortgruppen.
2. Gibt es Wörter, die du nicht kennst? Schreibe sie auf und schlage ihre Bedeutung nach.

3. Wie gut kennst du die Giraffengazellen? Teste dich selbst und versuche, den Steckbrief anzufertigen, ohne nochmal nachzulesen. Schaue erst dann nochmal im Text nach und vervollständige die Tabelle.

Name:

Größe und Gewicht:

Ernährung:

Lebensweise:

Lebensraum:

Besonderheiten:

4. Wie würdest du eine Giraffengazelle beschreiben? Was ist besonders an ihr? Versuche, das in nur zwei Sätzen zu formulieren.

5. Kreuze an. Sind die Aussagen richtig oder falsch?

Aussage	Richtig	Falsch
Giraffengazellen leben mit Männchen und Weibchen in großen Gruppen zusammen.	☐	☐
Giraffengazellen sind richtig selten.	☐	☐
Giraffengazellen leben vor allem in Südamerika und Afrika.	☐	☐
Die Giraffengazelle ist eine schlanke und hochgewachsene Gazellenart mit langen und dünnen Beinen.	☐	☐
Giraffengazellen sind in ihrem Lebensraum leicht zu entdecken und werden deshalb viel gejagt.	☐	☐
Giraffengazellen brauchen nicht viel Wasser.	☐	☐

Die Sonne

Wusstest du, dass sich die Sonne, genauso wie die Erde, um ihre eigene Achse dreht? Sie ist dabei aber viel langsamer: Etwa 25 Tage benötigt sie für eine komplette Drehung. Die Sonne ist einer der weit mehr als 100 Milliarden Sterne in der Milchstraße; der Galaxie, in der sich unser Sonnensystem befindet. Sie ist für uns der wichtigste Stern von allen. Ohne sie gäbe es kein Leben auf der Erde.

Die Sonne, die uns im Vergleich zu anderen Sternen gigantisch groß erscheint, ist jedoch verhältnismäßig klein und gehört zu den sogenannten Gelben Zwergen. Im Vergleich zur Erde ist sie allerdings enorm groß. Wäre die Sonne ein Hohlkörper, würde unsere Erde ungefähr 960 000 Mal hineinpassen. Könnte man unseren Planeten formen und so anordnen, dass keine Zwischenräume übrig bleiben, ginge das circa 1,3 Millionen Mal. Um die Oberfläche der Sonne komplett einzuhüllen, bräuchte man 11 990 Mal die Oberfläche der Erde. Das ist alles kaum vorstellbar, denn diese Dimensionen und Zahlen sind einfach so unglaublich groß. Außerdem ist die Sonne sehr schwer. Um genau zu sein, wiegt sie 1 989 000 000 000 000 000 000 000 000 000 Kilogramm. Zähle gerne nach – das sind 27 Nullen! Die Sonne wiegt ungefähr 332 946 Mal so viel wie die Erde. Ihr Anteil an der gesamten Masse in unserem Sonnensystem beträgt 99,86 Prozent.

Es geht noch weiter mit unvorstellbaren Dimensionen: Die Sonne ist 149 597 870 700 Meter von der Erde entfernt. Sagen wir es so: Könnten wir diese Strecke mit einem Auto und einer konstanten Geschwindigkeit von 120 km/h ohne Zwischenstopp zurücklegen, wären wir etwa 142 Jahre unterwegs. Das Licht ist da viel schneller; es benötigt für diese Strecke lediglich 8 Minuten und 20 Sekunden.

Dir ist bestimmt schon mal aufgefallen, was für eine unglaubliche Leuchtkraft die Sonne hat. Um genau zu sein, strahlt 1 m^2 der Sonne heller als 1 Million Glühbirnen. Seit ihrer Entstehung vor 4,6 Milliarden Jahren ist die Sonne sogar noch 40 Prozent heller geworden.

Aufgaben

1. Markiere alle wichtigen Wörter und Wortgruppen.
2. Gibt es Wörter, die du nicht kennst? Schreibe sie auf und schlage ihre Bedeutung nach.

____

____

____

3. Gib dem Text eine passende Überschrift.

____

____

____

4. Beantworte die folgenden Fragen.

a) Wie alt ist die Sonne?

b) Welche Form hat die Sonne?

c) Welche Leuchtkraft hat die Sonne?

d) Wie weit sind Erde und Sonne voneinander entfernt?

e) Ist die Sonne ein Planet?

f) Wie groß ist die Sonne?

5. Kannst du die Sonne mit deinen eigenen Worten beschreiben? Was macht sie besonders? Welche Rolle spielt die Sonne in deinem Leben?

Kabelsalat

Wer kennt das nicht … Die Lichterkette, die Kabel der Kopfhörer oder das Ladekabel des Smartphones: Sie lieben es, sich in einen Kabelsalat zu verwandeln. Das nervt und es kostet jede Menge Zeit, den Knoten wieder zu entwirren. Doch warum ist das eigentlich so? Die Wissenschaftler Dorian M. Raymer und Douglas E. Smith von der Universität Chicago haben das vor einiger Zeit intensiv erforscht. Dafür haben sie sehr viele Kabel unterschiedlicher Längen in eine Box gelegt, ordentlich geschüttelt und dann nachgesehen, wie der Knoten aussieht. Das Ganze haben sie insgesamt 3 415 Mal wiederholt. Ihre Ergebnisse haben Sie in einer Studie veröffentlicht. So haben sie zum Beispiel festgestellt, dass es den sogenannten Spontanknoten, so kannst du den Kabelsalat auch nennen, gibt. Für dessen Entstehung sind vor allem 2 Faktoren ausschlaggebend:

1. die Länge des Kabels
2. die Schüttelzeit

Das bedeutet: Je länger das Kabel ist und je länger es sich bewegt – beispielsweise in einer Tasche –, desto komplizierter ist der Knoten. Außerdem haben sie beobachtet, dass Kabel, die kürzer als 46 Zentimeter sind, sich so gut wie nie spontan verknoten. Die schlimmsten Knoten entstehen bei Kabeln, die etwas länger als 2 Meter sind.

Durchschnittlich sind die Kabel von typischen In-Ohr-Kopfhörern 139 Zentimeter lang. Die Wahrscheinlichkeit, dass sie sich stark verknoten, liegt bei dieser Länge bei unter 50 Prozent. Die Y-Form des Kopfhörerkabels erhöht jedoch die Chancen auf einen Kabelsalat.

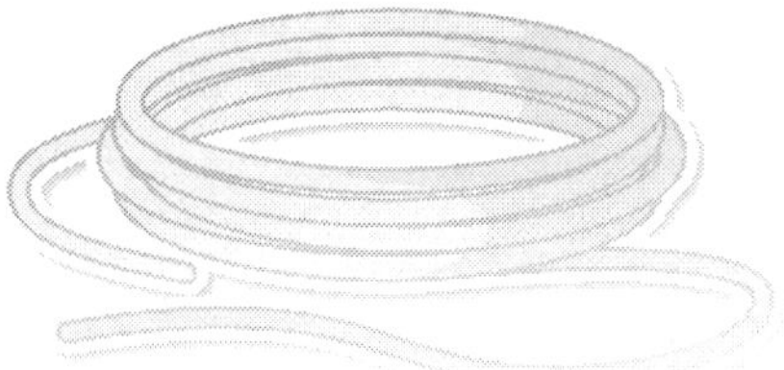

Aufgaben

1. Markiere alle wichtigen Wörter und Wortgruppen.
2. Gibt es Wörter, die du nicht kennst? Schreibe sie auf und schlage ihre Bedeutung nach.

____

____

3. Wie sind deine Erfahrungen? Kennst du Kabelsalat? Wenn ja, welche Kabel verknoten sich bei dir? Kannst du die Ergebnisse der Studie nachvollziehen? Begründe deine Antworten.

____

____

4. Kreuze an. Sind die Aussagen richtig oder falsch?

Aussage	Richtig	Falsch
Es passiert selten, dass sich Kabel verknoten.	☐	☐
Die schlimmsten Knoten entstehen bei Kabeln, die etwas länger als 2 Meter sind.	☐	☐
Durch die X-Form des Kopfhörerkabels steigen die Chancen auf einen Kabelsalat.	☐	☐
Je kürzer das Kabel ist und je länger es sich in der Tasche bewegt, desto komplizierter ist der Knoten.	☐	☐
3 Faktoren sind ausschlaggebend für den Kabelsalat.	☐	☐
Für ihr Experiment haben die Wissenschaftler viele Kabel in Taschen und Beutel gesteckt.	☐	☐

Alles verstanden? Teste dein Wissen

Du hast sicher schon mal etwas vom Eiffelturm in Paris gehört und Bilder davon gesehen. Wusstest du, dass er im Sommer höher ist als im Winter? Das liegt daran, dass sich Metall unter Wärmeeinfluss ausdehnt. Die Höhendifferenz liegt bei etwa 15 Zentimetern. An besonders heißen Tagen kann der Eiffelturm bis zu 30 Zentimeter höher sein als im Winter. Verrückte Vorstellung, nicht wahr? Vor allem, wenn man bedenkt, dass er insgesamt 10 010 Tonnen wiegt und aus insgesamt 18 038 Metallteilen besteht, die von rund 2,5 Millionen Eisennieten zusammengehalten werden.

a) Gebe den Inhalt des Textes in deinen eigenen Worten wieder.

b) Schau dir ein Bild vom Eiffelturm an: Wie würdest du sein Aussehen beschreiben?

Wer andere Menschen um einen Gefallen bittet, wirkt sympathischer. Selbst wenn du jemanden überredest, dir einen Gefallen zu tun, wird er oder sie dich sympathischer finden. Das klingt irgendwie unlogisch, oder? Sollte es nicht eher andersherum sein? Also, dass wir diejenigen sympathischer finden, die uns einen Gefallen tun?

Das in den ersten beiden Sätzen beschriebene Phänomen nennt man Benjamin-Franklin-Effekt. Es wurde nach Benjamin Franklin benannt, weil der diesen Effekt beobachtete und in seinem Umfeld gezielt einsetzte. Er war zudem der Meinung, dass jemand, der dir einmal einen Gefallen getan hat, dies eher ein weiteres Mal tun würde als jemand, dem du selbst gefällig warst. Der Grund ist eine Art Selbsttäuschung: Wir versuchen, unser Verhalten unbewusst vor uns selbst zu rechtfertigen. Wir fragen uns deshalb, warum wir dem anderen einen Gefallen tun. Oft lautet die unbewusste Antwort: Wahrscheinlich mögen wir einfach die Person, der wir einen Gefallen tun.

a) Was ist der Benjamin-Franklin-Effekt? Beschreibe ihn mit deinen eigenen Worten.

____

____

____

b) Welche Beobachtung machte Benjamin Franklin außerdem?

____

____

Grammatik und Rechtschreibung

Fachbegriffe Grammatik / Wortarten bestimmen

Was ist eine Wortart und welche Wortarten gibt es?

Grundsätzlich gibt es veränderliche (*flektierbare*) und unveränderliche (*nicht flektierbare*) Wortarten. Wörter können ihre Stammform verändern, lassen sich also konjugieren (Verben) bzw. deklinieren (Nomen, Adjektive, Artikel, Pronomen und Numerale) oder bleiben unverändert.

Veränderliche Wortarten

Verben = Tätigkeitswörter
Man kann sie konjugieren, wobei zwischen regelmäßigen und unregelmäßigen Verben unterschieden wird. Außerdem werden Verben in Vollverben (z. B.: „Er **fährt** Auto.“), Hilfsverben (z. B.: „Heute früh **hatte** er noch geschlafen.“) und Modalverben (müssen, sollen, wollen, dürfen, können, mögen) eingeteilt.

Artikel
Wörter, die in Verbindung mit Substantiven verwendet werden. Die Form eines Artikels hängt vom Fall (Kasus), vom Geschlecht (Genus) und von der Anzahl (Numerus) ab. Es wird zwischen bestimmten (der / die / das) und unbestimmten (ein / eine) Artikeln unterschieden.

Substantive / Nomen = Ding- oder Namenwörter
Sie beziehen sich auf Dinge oder Lebewesen (z. B.: Haus, Baum), aber auch auf gedachte Begriffe, sogenannte Abstrakta (z. B.: Schmerz, Angst, Prozess). Damit sind Gefühle oder Vorgänge gemeint. Substantive werden immer großgeschrieben.

Pronomen = Fürwörter

Pronomen ersetzen Substantive oder begleiten sie. Man teilt sie in Personalpronomen (z. B.: er, sie, ihn), Reflexivpronomen (z. B.: mich, mir), Demonstrativpronomen (z. B.: diesen, jenen), Possessivpronomen (z. B.: mein, dein), Relativpronomen (z. B.: das, die) und Interrogativpronomen (z. B.: welcher, wer) ein.

Numerale = Zahlwörter

Sie beziehen sich auf die Anzahl, den Rang oder die Menge bestimmter Sachen. Es gibt unter anderem die sogenannten Kardinalzahlen (z. B.: eins, zwei) oder Ordinalzahlen (z. B.: erste, zweite).

Adjektive

Wörter, die beschreiben, wie etwas ist, also welche Eigenschaften etwas hat. Man kann sie deklinieren und steigern. Adjektive können attributiv, also vor einem Nomen (z. B.: „Das ist ein **schnelles** Auto.") und prädikativ, also zum Verb gehörend (z. B.: „Das Auto ist **schnell**.") verwendet werden.

Unveränderliche Wortarten

Adverbien

Wörter, welche die genauen Umstände einer Tätigkeit, eines Zustandes oder eines Vorganges beschreiben (z. B.: „Der Athlet lief **sehr** schnell.").

Temporaladverbien

bestimmen die Zeit in einer Situation genauer (z. B.: bereits, bisher, danach, endlich, gestern, immer, inzwischen, neulich, nie, sofort, stets, vorhin).

Lokaladverbien

liefern genauere Angaben zum Ort einer Handlung (z. B.: außen, da, dort, fort, hier, hierhin, hinten, irgendwo, links, nebenan, überall, unten, vorn).

Kausaladverbien

begleiten Aussagen zum Grund einer Sache, zu Bedingungen, zu Folgen, zum Zweck und zu Einwänden (z. B.: daher, darum, deswegen, nämlich, notfalls, sonst, ansonsten, trotzdem, dennoch, gleichwohl).

Modaladverbien

liefern genauere Angaben zur Art und Weise einer Handlung (z. B.: gern, anders, vergebens, derart, sehr, kaum, einigermaßen, genug, außerdem, überdies, auch).

Interjektionen = Ausdruckswörter

Das sind Ausrufe oder Laute, mit denen man bestimmte Empfindungen ausdrücken kann (z. B.: igitt, pfui).

Konjunktionen = Bindewörter

Sie verbinden Sätze oder einzelne Satzteile miteinander (z. B.: aber, allein, außer, beziehungsweise, denn, doch, hingegen, jedoch, oder, sondern, sowie, und, wie, entweder ... oder, nicht nur ... sondern auch, sowohl ... als auch, sowohl ... wie auch, weder ... noch, als, damit, je, sodass, während, nachdem, sofern, weil, solange, wenn, als wenn, falls, obgleich, wenn auch, anstatt, soviel, obwohl, indem, ob, zwar, wie wenn, wiewohl, bevor, statt, insofern, da, trotzdem, anstatt zu, außer zu, statt zu, ohne zu, um zu).

Präpositionen = Verhältniswörter

Sie bestimmen die Beziehung zwischen Personen, Dingen oder Vorgängen. Es gibt:

- **kausale Präpositionen** (Sie geben einen Grund an. Beispiele: anstatt, trotz, wegen, dank, durch, aufgrund, infolge, anlässlich, ungeachtet)
- **lokale Präpositionen** (Sie geben den Ort an. Beispiele: an, bei, auf, unter, hinter, in, über, zwischen, vor, neben)

- **temporale Präpositionen** (Sie geben die Zeit an. Beispiele: seit, um, binnen, nach, vor, gegen, bis, während)
- **modale Präpositionen** (Sie geben die Art und Weise an. Beispiele: angesichts, infolge, ohne, mit, in, für, wider, zu, aus)

Besonderheit bei den Präpositionen

Bestimmte Präpositionen verlangen einen bestimmten Fall (Kasus) des Wortes, auf das sie sich beziehen. Insgesamt gibt es vier Fälle: Nominativ, Genitiv, Dativ und Akkusativ.

- **Präpositionen und der Nominativ**: Der Nominativ ist der erste Fall. Mithilfe dieser Fragewörter erkennst du ihn: „Wer oder was?" Präpositionen können keinen Nominativ verlangen.
- **Präpositionen und der Genitiv**: Der Genitiv ist der zweite Fall. Mithilfe dieses Frageworts erkennst du ihn: „Wessen?" Es gibt zahlreiche Präpositionen, die den Genitiv verlangen, z. B. *anstatt, anstelle, aufgrund, wegen, anlässlich, trotz.*
- **Präpositionen und der Dativ**: Der Dativ ist der dritte Fall. Mithilfe dieses Frageworts erkennst du ihn: „Wem?" Präpositionen, die den Dativ benötigen, sind z. B. *aus, mit, nach, gegenüber, bei, um, zu.*
- **Präpositionen und der Akkusativ**: Der Akkusativ ist der vierte Fall. Mithilfe dieser Fragewörter erkennst du ihn: „Wen oder was?" Präpositionen, die den Akkusativ fordern, sind zum Beispiel *ohne, für, bis, in, gegen.*

Übungsaufgaben

1. Bestimme die Wortarten der unterstrichenen Wörter und schreibe die Antwort in die Klammern dahinter.

a) Schon die kleinen (____________) Kinder müssen (____________) lernen, wie man ordentlich am Tisch (____________) sitzt.

b) Ihre (____________) kleinen Hände sind (____________) am Tisch oft (____________) überall, außer dort, wo sie sein sollen.

c) Ihnen macht das (____________) Essen großen (____________) Spaß (____________), auch wenn sie sich an Regeln halten sollen.

2. Bestimme alle Wortarten des folgenden Satzes.

Lauras Tochter kaufte ihrem Freund eine bunte Krawatte auf dem Wochenmarkt.

____

____

____

3. Schreibe die richtige Form des Personalpronomens.

a) 3. Person Singular, Neutrum, Nominativ

____

b) 1. Person Plural, Akkusativ

____

c) 2. Person Singular, Genitiv

d) 3. Person Singular, Maskulinum, Dativ

e) 3. Person Plural, Genitiv

4. Bestimme die Wortarten so genau wie möglich.

die

leichte

fuhr

auf

guter

ihr

sonntags

schön

Essen

ein

Zeichensetzung

Man unterscheidet in Satzzeichen, die:

- das Satzende kennzeichnen (Punkt, Ausrufezeichen und Fragezeichen)
- verschiedene Abschnitte innerhalb eines Satzes trennen (Komma, Semikolon, Gedankenstrich und Doppelpunkt)
- eine wörtliche Rede markieren oder einzelne Wörter bzw. Satzteile hervorheben (Anführungszeichen)
- Buchstaben, Wörter oder ganze Satzteile auslassen (Auslassungszeichen, z. B. Apostroph oder Auslassungspunkte)

Komma

Kommas können die Bedeutung eines Satzes wesentlich beeinflussen. Das Komma hilft dabei, einfache Sätze, aber auch Satzgefüge zu gliedern, indem es Teilsätze, Wörter oder Wortgruppen voneinander trennt. Im Gegensatz zum Punkt ist die Trennung mit dem Komma jedoch schwächer. Wann setzt man Kommas?

- Kommas nutzt man bei **Aufzählungen.** Es sei denn, die Wörter / Wortgruppen sind durch **und** bzw. **oder** verbunden.
- Auch **Nebensätze** grenzt man mit einem Komma ab. Ist der Nebensatz eingeschoben, steht vor *und* hinter dem Nebensatz ein Komma.
- **Infinitivgruppen**, die beispielsweise mit **als**, **um**, **ohne** oder **(an)statt** eingeleitet werden oder die von einem Subjekt abhängen, erfordern auch ein Komma.

- Auch **nachgestellte Zusätze**, sogenannte **Appositionen**, werden mit einem Komma abgegrenzt. Das trifft auch auf nachgestellte Erläuterungen zu, die oftmals mit **und**, **zwar** oder **nämlich** eingeleitet werden.
- Man nutzt das Komma auch bei **Datumsangaben**, **Anschriften in einem Fließtext**, **Zeit**- und **Literaturangaben**.

Semikolon, Doppelpunkt und Gedankenstrich

Das **Semikolon** wird auch als **Strichpunkt** bezeichnet und grenzt, wie Punkt und Komma auch, Sätze oder Satzteile bzw. Wortgruppen voneinander ab. Beispiel: Theo und Sofia streiten sich oft; das ist ganz normal unter Geschwistern. Nach dem Semikolon wird klein weitergeschrieben. Das Semikolon trennt etwas stärker als das Komma.

Der **Gedankenstrich** drückt eine gedankliche Pause aus. Er kündigt etwas Weiterführendes, Unerwartetes oder einen größeren Themen-, Zeit- oder Sprecherwechsel an. Außerdem trennt er Zusätze, Nachträge und Einschübe vom Rest des Satzes. Beispiel: Theo hatte recht – Sofia sah das jedoch anders! Nach dem Gedankenstrich wird klein weitergeschrieben.

Den **Doppelpunkt** verwendet man vor Zusammenfassungen, Zitaten oder vor Aufzählungen und Erläuterungen. Nach einem Doppelpinkt schreibt man klein, wenn danach ein unvollständiger Satz, also nur einzelne Wörter oder Aufzählungen folgen. Beispiel: Theo und Sofia heben viele Hobbies: zusammen tanzen und miteinander streiten. Nach einem Doppelpunkt schriebt man groß, wenn danach eine wörtliche Rede, ein vollständiger Satz oder ein Substantiv folgt. Beispiel: Du schreibst nach dem Doppelpunkt groß, wenn auf den Doppelpunkt eine wörtliche Rede, ein vollständiger Satz oder ein Substantiv bzw. Eigenname folgt.

Übungsaufgaben

1. Ergänze die fehlenden Kommas, wenn nötig.

a) Gestern Abend ging ich nach dem Abendbrot noch einmal spazieren.

b) Was war das heute für ein langweiliges viel zu langes Buch?

c) Wir haben gestern im Kino einen lustigen spannenden Film gesehen.

d) Sie wollte dieses lange wunderschöne Kleid unbedingt zur Hochzeit anziehen.

e) Die Sonne steht hoch am wolkenfreien blauen Himmel.

f) Liebe Tante Uli dürfen wir dich in den Ferien wieder besuchen kommen?

g) Im Sommer fahren wir nach Paris der Stadt der Liebe.

h) Für das Bild benötigt ihr rote grüne und blaue Stifte.

2. Verbinde die Sätze durch eine der folgenden Konjunktionen:
sondern · aber · denn

a) Der Marktplatz füllte sich zunehmend mit Menschen. Der Weihnachtsmarkt wurde eröffnet.

b) Zum Glück kam es zu keinem Chaos. Die Menschen verhielten sich alle höflich.

c) Bald waren alle mit Zuckerwatte versorgt. Viele gingen direkt nach Hause, weil es so kalt war.

3. Vollende die angefangenen Hauptsätze sinnvoll mit einem Nebensatz. Setze die Kommas und unterstreiche jeweils das Relativpronomen, das den Nebensatz einleitet.

a) Petra liebt ihr neues Auto ______________________.

b) Wir gehen heute zu dem Strand ______________________.

c) Theo ist ein Junge ______________________.

d) Wilhelmine liebt das Kleid ______________________.

e) Jeder kennt Tills Brüder ______________________.

Zeitformen

Im Deutschen werden Verben auch in Bezug auf die Zeit konjugiert. Mit den verschiedenen Zeitformen können Ereignisse so wiedergegeben werden, dass der Zuhörer / Leser sie als Vorgang in der Gegenwart, Vergangenheit oder Zukunft erfasst. Im Deutschen gibt es insgesamt 6 Zeitformen: **Präsens** (Gegenwart), **Perfekt** (vollendete Gegenwart), **Präteritum** (Vergangenheit), **Plusquamperfekt** (Vorvergangenheit), **Futur I** (Zukunft), **Futur II** (vollendete Zukunft). Bei der Bildung der Zeitformen ist darauf zu achten, ob es sich um ein starkes oder ein schwaches Verb handelt. Starke bzw. unregelmäßige Verben verändern ihren Stammvokal im Präteritum und im Perfekt. Schwache Verben behalten ihren Stammvokal in allen 3 Stammformen: Im Infinitiv, im Präteritum und im Partizip Perfekt.

Präsens (Gegenwart)

Das Präsens ist die am häufigsten verwendete Zeitform im Deutschen. Man setzt sie ein, wenn Ereignisse in der Gegenwart oder bereits feststehende Handlungen in der Zukunft beschrieben werden sollen. Für die Bildung des Präsens lässt man die Infinitiv-Endung *en* weg und hängt die jeweils erforderliche Präsens-Endung an.

Beispiel: Ich schreib**e** gerade eine Klassenarbeit.

Perfekt (vollendete Gegenwart)

Das Perfekt wird verwendet, um auszudrücken, dass ein Ereignis oder eine Handlung in der Vergangenheit abgeschlossen wurde. Dabei wird vor allem die Folge oder das Ergebnis der Handlung hervorgehoben. Für die Bildung dieser Zeitform benutzt man die jeweils erforderliche Präsensform von *sein* oder *haben* und das Partizip II des Verbs.

Beispiel: Ich **habe** gestern eine Klassenarbeit **geschrieben**.

Präteritum (Vergangenheit)

Mit dem Präteritum kann ebenso ein abgeschlossenes Ereignis oder eine Handlung in der Vergangenheit beschrieben werden. Der Unterschied zum Perfekt ist, dass das Präteritum eher in der geschriebenen Sprache auftaucht, also in Erzählungen oder Berichten. Für die Bildung des Präteritums lässt man die Infinitiv-Endung *en* weg und hängt die jeweils erforderlichen Präteritum-Endungen an.
Beispiel: Ich schrie**b** eine Klassenarbeit.

Beispiel schwaches Verb

Person	Präsens	Perfekt	Präteritum
Ich	male	habe gemalt	malte
Du	malst	hast gemalt	maltest
Er / Sie / Es	malt	hat gemalt	malte
Wir	malen	haben gemalt	malten
Ihr	malt	habt gemalt	maltet
Sie	malen	haben gemalt	malten

Beispiel starkes Verb

Person	Präsens	Perfekt	Präteritum
Ich	laufe	bin gelaufen	lief
Du	läufst	bist gelaufen	liefst
Er / Sie / Es	läuft	ist gelaufen	lief
Wir	laufen	sind gelaufen	liefen
Ihr	lauft	seid gelaufen	lieft
Sie	laufen	sind gelaufen	liefen

Plusquamperfekt (Vorvergangenheit)

Die Zeitform Plusquamperfekt wird auch Vorvergangenheit genannt. Man beschreibt damit Ereignisse, die vor einem bereits erwähnten Ereignis in der Vergangenheit (Präteritum) liegen. Das Plusquamperfekt kann also nur dann in einem Satz auftauchen, wenn in einem anderen Satz das Präteritum verwendet wird. Für die Bildung des Plusquamperfekts wird die Präteritumsform von *sein* oder *haben* und das Partizip II des Vollverbs verwendet.
Beispiel: Ich **hatte** schon in der Woche davor eine Klassenarbeit **geschrieben**.

Futur I (Zukunft)

Die Zeitform Futur I wird gewählt, wenn man etwas beschreiben will, das in der Zukunft liegt, meist eine Absicht oder eine Vermutung. Wenn ganz sicher ist, dass ein Ereignis in der Zukunft eintritt, kannst man auch das Präsens verwenden. Das Futur I wird mit der Präsensform von *werden* und der Infinitivform des Vollverbs gebildet.
Beispiel: Ich **werde** vielleicht eine gute Note **erzielen**.

Futur II (vollendete Zukunft)

Das Futur II wird deshalb vollendete Zukunft genannt, weil dabei ein Ereignis beschrieben wird, das man sich in der Zukunft als vergangen vorstellt. Es wird verwendet, wenn man ausdrücken will, dass etwas in der Zukunft vollendet sein wird. Für die Bildung verwendet man die Präsensform von *werden*, das Partizip II des Vollverbs und die Infinitivform des Hilfsverbs *sein* oder *haben*.
Beispiel: Ich **werde** vielleicht eine gute Note **erzielt haben**.

Beispiel schwaches Verb

Person	Plusquamperfekt	Futur I	Futur II
Ich	hatte gemalt	werde malen	werde gemalt haben
Du	hattest gemalt	wirst malen	wirst gemalt haben
Er / Sie / Es	hatte gemalt	wird malen	wird gemalt haben
Wir	hatten gemalt	werden malen	werden gemalt haben
Ihr	hattet gemalt	werdet malen	werdet gemalt haben
Sie	hatten gemalt	werden malen	werden gemalt haben

Beispiel starkes Verb

Person	Plusquamperfekt	Futur I	Futur II
Ich	war gelaufen	werde laufen	werde gelaufen sein
Du	warst gelaufen	wirst laufen	wirst gelaufen sein
Er / Sie / Es	war gelaufen	wird laufen	wird gelaufen sein
Wir	waren gelaufen	werden laufen	werden gelaufen sein
Ihr	wart gelaufen	werdet laufen	werdet gelaufen sein
Sie	waren gelaufen	werden laufen	werden gelaufen sein

Übungsaufgaben

1. Bestimme die Zeitformen der Verben.

a) Sie sind gegangen.

b) Wir hatten es versucht.

c) Du gehst jetzt!

d) Ich werde warten.

e) Sie traf ihn.

f) Ihr seid eingeladen!

g) Es gewittert.

2. Bringe die Verben in die richtige Form.

a) 2. Person Singular, Präsens: dürfen

---

b) 1. Person Plural, Präteritum: treffen

---

c) 1. Person Singular, Perfekt: trinken

---

d) 2. Person Plural, Futur I: lachen

---

e) 3. Person Plural, Plusquamperfekt: liegen

---

f) 3. Person Singular, Präteritum: begehen

---

3. Schreibe alle Verben im Perfekt.

a) denken ▸ ich ______

b) singen ▸ du ______

c) sehen ▸ er ______

d) hoffen ▸ wir ______

e) lachen ▸ ihr ______

4. Schreibe die Sätze in der vorgegebenen Zeitform.

a) Ich lese gern Zeitschriften. ▸ Perfekt

____

b) Ich war mal in Südamerika. ▸ Präsens

____

c) Ich hatte das Bild selbst gemalt. ▸ Futur I

____

d) Sie riefen die Polizei. ▸ Plusquamperfekt

____

Aktiv oder Passiv (Genus Verbi)

Das Genus Verbi beschreibt die Handlungsrichtung eines Verbs. Eine Handlung oder ein Geschehen kann meist aus zwei verschiedenen Perspektiven beschrieben werden: dem **Aktiv** oder **Passiv**.

Aktiv

Beim **Aktiv** (Tunform) steht der oder die Handelnde im Fokus und man verwendet die Aktivform des Verbs. Beispiele: Wilma **grüßte** ihre Nachbarin. Erich **holt** den Hund **ab**. Wilma und Erich, als die Handelnden, bilden das Subjekt des Satzes, die Nachbarin und der Hund sind das Objekt der Handlung.

Passiv

Beim Passiv (Leideform) steht dagegen entweder die Handlung bzw. das Geschehen (Vorgangspassiv) oder der Zustand nach einer Handlung oder einem Geschehen (Zustandspassiv) im Vordergrund. Hierbei ist es also nicht so wichtig, *wer* eine Handlung ausführt.

Hinweis: Es gibt Verben, die keine Passivform bilden können. Dazu gehören alle Verben ohne Akkusativobjekt, also beispielsweise reflexive Verben (z. B.: *sich schneiden*) oder Verben, die im Perfekt mit sein gebildet werden (z. B.: *rennen*).

Vorgangspassiv

Mit dem Vorgangspassiv wird eine Handlung oder ein Geschehen betont.

Beispiele: Die Nachbarin **wurde** (von Wilma) **gegrüßt**. Der Hund **wird** (von Erich) **abgeholt**. Man bildet das Vorgangspassiv mit einer Form von *werden* und dem Partizip II des Vollverbs.

Zur Verdeutlichung: Das Objekt der Handlung im Aktivsatz wird im Passivsatz zum Subjekt. Das Subjekt der Handlung im Aktivsatz wird im Passivsatz zum Objekt und rückt in den Hintergrund. Das Objekt kann auch weggelassen werden.

Zustandspassiv

Das Zustandspassiv wird verwendet, wenn der Zustand oder das Ergebnis nach einer Handlung oder einem Geschehen beschrieben wird.

Beispiele: Die Nachbarin **war erfreut**. Der Hund **ist verletzt**. Das Zustandspassiv wird gebildet mit einer Form von *sein* und dem Partizip II des Vollverbs.

Vielleicht ist dir aufgefallen, dass die Beispiele verschiedene Zeitformen haben.

Die Zeitformen des Passivs

- **Präsens Passiv** – wird mit der Präsensform von *werden* oder *sein* und dem Partizip II gebildet.
  Beispiele: Das Fenster wird geöffnet. Das Fenster ist geöffnet.

- **Perfekt Passiv** – wird mit der Präsensform von *sein* + Partizip II + *worden* gebildet.
  Beispiel: Das Fenster ist geschlossen worden.

- **Präteritum Passiv** – wird mit dem Präteritum von *werden* oder *sein* + Partizip II gebildet.
  Beispiele: Das Fenster wurde geschlossen. Das Fenster war geschlossen.

- **Plusquamperfekt Passiv** – wird mit der Präteritumsform von *sein* + Partizip II + *worden* gebildet.
  Beispiel: Das Fenster war geschlossen worden.

- **Futur I Passiv** – wird mit dem Präsens von *werden* + Partizip II + *werden* gebildet.
  Beispiel: Das Fenster wird geöffnet werden.

- **Futur II Passiv** – wird mit dem Präsens von *werden* + Partizip II + *worden* + *sein* gebildet.
  Beispiel: Das Fenster wird geöffnet worden sein.

Übungsaufgaben

1. Lies dir die Sätze genau durch und entscheide, ob es sich um Aktiv oder Passiv handelt.

a) Das Rennen wurde auf der Zielgeraden entschieden. ▸ ____________

b) Gewitter und Gegenwind: Vögel haben es schwer. ▸ ____________

c) Bei dem Unfall wurde die Beifahrerin leicht verletzt. ▸ ____________

d) Herzlichen Glückwunsch, Sie haben gewonnen! ▸ ____________

2. Übertrage folgende Sätze ins Passiv. Beachte dabei die Zeitform.

a) Man lernt für die Schule am besten schon vormittags.

____

b) Bei der Jahresfeier der Schule führten die Schüler den Tanz vor 150 Zuschauern auf.

____

c) Bei der Hochzeit feierten die Gäste bis tief in die Nacht.

____

d) Die Firma überweist das Gehalt schon zum Monatsende.

---

3. Übertrage folgende Sätze ins Aktiv, indem du ein neues Subjekt einfügst. Beachte dabei die Zeitform.

a) Der Ball wird gefangen.

---

b) Die Diebe konnten festgenommen werden.

---

c) Der Kuchen ist gegessen worden.

---

d) Die Bank wurde gestern Nachmittag überfallen.

---

e) Das englische Wort wurde schon wieder falsch ausgesprochen.

---

f) Ihr werdet von uns informiert werden.

Die Modi des Verbs

Im Deutschen wird zwischen drei verschiedenen Modi des Verbs unterschieden. Darunter sind die Aussageweisen eines Verbs zu verstehen: Es gibt den **Indikativ** (Wirklichkeitsform), den **Imperativ** (Aufforderungs- oder Befehlsform) und den **Konjunktiv** (Möglichkeitsform). Je nach Modus ist zu erkennen, wie eine Aussage einzuschätzen ist: als wirkliche Begebenheit, Befehl, Möglichkeit oder Wunsch.

- **Indikativ**: Am häufigsten wird der Indikativ verwendet. Er drückt aus, dass ein Geschehen wirklich stattfindet, stattfand oder noch stattfinden wird. Er wird auch bei der direkten Rede verwendet. Beispiel: Sie sagt: „Der Stift **gehört** mir." (Direkte Rede)

- **Imperativ**: Mit dem Imperativ kann man Befehle erteilen, um etwas bitten oder etwas verbieten. Beispiel: **Gib** mir meinen Stift!

- **Konjunktiv**: Mit dem Konjunktiv kann man etwas indirekt ausdrücken (Konjunktiv I, indirekte Rede) oder Wünsche bzw. höfliche Aufforderungen äußern und Aussagen über Sachverhalte machen, die noch nicht endgültig bewiesen, also zu hinterfragen sind (Konjunktiv II).

Man bildet den Konjunktiv so:

Person	Konjunktiv I Präsensstamm + Endung	Konjunktiv II mit würde + Infinitiv
Ich	gehör**e**	würd**e** behalten
Du	gehör**est**	würd**est** behalten
Er / Sie / Es	gehör**e**	würd**e** behalten
Wir	gehör**en**	würd**en** behalten
Ihr	gehör**et**	würd**et** behalten
Sie	gehör**en**	würd**en** behalten

Beispiele:

Sie sagt, der Stift **gehöre** ihr.	Indirekte Rede / Konjunktiv I
Ich **würde** gerne den Stift **behalten**.	Konjunktiv II; Wunsch
Es **wäre** schön, wenn du den Stift mitbringen **würdest**.	Konjunktiv II; höfliche Aufforderung; Konditionalsatz
Laut Aussage des Lehrers **sei** der Stift von ihm.	Konjunktiv II; anzuzweifelnder Sachverhalt)

Übungsaufgaben

1. Setze die folgenden Sätze mit dem in dahinter in Klammern stehenden Verb in den Konjunktiv.

a) Über die genaue Ursache des Unfalls __________ aus polizeilicher Sicht noch keine Aussage getroffen werden. (können)

b) Die Polizeibeamten sagen, der Erpresser __________ eine Summe von 1 Million Euro. (fordern)

c) Jana meinte, sie __________ das ihrem Bruder nicht. (glauben)

d) Man __________ eine Prise Zucker, 100 g Mehl, 2 Eier und etwas Milch. (nehmen)

e) Martin sagt, er __________ nichts von dem Streit zwischen Theo und Karl. (wissen)

2. Wandele die direkte Rede in die indirekte Rede um.

a) Klara sagt: „Ich gehe in die Bibliothek."

____

b) Die Lehrerin sagt zu Paul: „Paul, du hast eine 1 in Mathe."

____

c) Die Mutter sagt zu ihrem Sohn: „Du musst jetzt dein Zimmer aufräumen."

____

d) Laura meint zu Edith: „Der Film gefällt mir gut."

____

e) Die Fußballer jubeln: „Wir freuen uns über den heutigen Sieg."

____

3. Setze das Verb „sein" im Konjunktiv I in die Lücken ein.

a) Sie dachte, ihr ______________ schon auf dem Spielplatz.

b) Sie träumte, sie ______________ durch die Abschlussprüfung gefallen.

c) Alle glauben, wir ______________ Geschwister.

d) Sie behauptet, du ______________ schon in der 10. Klasse.

e) Mein Lehrer sagt, ich ______________ zu faul.

4. Setze alle notwendigen Satzzeichen.

a) Heute Nachmittag werde ich nach Berlin fahren um mir die Berliner Mauer anzusehen erzählte Frau Watschig ___

b) Johanna berichtet von ihrem Urlaub Nach dem Besuch im Kino haben wir eine Wanderung gemacht ___

c) Wenn ich mit den Hausaufgaben fertig bin hole ich mir ein Eis beschließt Thea ___

d) Aufgeregt erzählt Theo Und dann hat das Lama mich einfach angespuckt ___

e) Morgen fahren mein Vater und ich in den Urlaub freut sich Steffi ___

f) Julia fragt Wie lange gehen wir bis zum Gipfel ___

g) Zu meiner Geburtstagsfeier kommen 12 Kinder und 5 Erwachsene berichtet Julian ___

Rechtschreibregeln

Im Deutschen gibt es in Bezug auf die Rechtschreibung sehr viele Regeln. Da kann man schnell mal den Überblick verlieren. In diesem Kapitel findest du die wichtigsten Regeln. Wenn du dir diese merkst, wird das vieles einfacher machen.

Groß- und Kleinschreibung

In folgenden Fällen schreibt man groß:

- am Satzanfang
- Eigennamen
- Substantive / Nomen

Dehnung und Schärfung von Vokalen

Die Vokale *a, e, i, o* und *u* können lang oder kurz ausgesprochen werden.

Wird der Vokal lang gesprochen, wird das als Dehnung bezeichnet. Kennzeichnend für die Dehnung sind verschiedene Merkmale:

- Nach dem Vokal folgt nur ein Konsonant: *Str**a**ße*, *h**o**len*, *g**u**t*
- Doppelvokal: *B**oo**t*, *M**ee**r*, *S**aa**l*
- Dehnungs-h: Ein Vokal wird gedehnt, wenn danach ein *h* folgt (das nicht ausgesprochen wird): *St**ah**l*, *f**eh**len*, *F**oh**len*
- Dehnungs-e: Der Vokal *i* wird gedehnt, wenn danach ein *e* folgt (das nicht ausgesprochen wird): *Sp**i**el*, *G**i**er*, *v**i**el*

Wird der Vokal kurz gesprochen, wird das als Schärfung bezeichnet. Kennzeichnend für die Schärfung ist die Schreibung der Konsonanten, die auf den Vokal folgen:

- Konsonantenhäufung (zwei oder mehr Konsonanten): *Su**mpf***, *stü**rzen***, *lu**stig***
- Doppelkonsonanten: *So**mm**er*, *sa**mm**eln*, *to**ll***

Gleich und ähnlich klingende Laute

Manche Laute klingen sehr ähnlich. Zum Beispiel *b* und *p* oder *t* und *d*. Wenn man herausfinden möchte, welcher Laut der richtige ist, kann es helfen, zum Beispiel den Singular oder das Plural zu bilden oder die Wörter aus derselben Wortfamilie anzuschauen (= Verlängerungsprobe / Verwandtschaftsprobe). Bei folgenden Lauten besteht besondere Verwechslungsgefahr:

- Vokale *ä* und *e*: ängstlich (Verwandtschaftsprobe: **A**ngst), M**ä**nner – (Singularbildung: M**a**nn)
- Vokale i oder ie: Trenne das Wort nach Silben. Steht ein i am Ende einer Silbe, wird meistens ein e angehängt (Fr**ie**den – Fr**ie**-den). Steht kein i am Ende der Silbe, wird meistens kein e angehängt (W**i**nde – W**i**n-de)
- Diphthongen (Doppellaute) *äu / eu*: M**äu**se (Singularbildung: M**au**s), fr**eu**en (Verwandtschaftsprobe: Fr**eu**de)
- Konsonanten *d / t*, *g / k* und *p / b*: Wal**d** (Verlängerungsprobe durch Pluralbildung: Wäl**d**er), Spu**k** (Verwandtschaftsprobe: spu**k**en), Sie**b** (Verlängerungsprobe durch Pluralbildung: Sie**b**e)
- Konsonanten k oder ck: Wird ein Vokal kurz gesprochen, schreibt man danach ck (Lo**ck**e). Wird ein Vokal lang gesprochen, schreibt man danach k (Ke**k**s). Nach l, m, n und r, das merke ja, steht nie tz und nie ck!

- Konsonanten z oder tz: Wird ein Vokal kurz gesprochen, schreibt man danach tz (Ka**tz**e). Nach einem Konsonanten schreibt man danach z (Her**z**). Diese Regel ist schon nett, nach ei, äu, eu steht nie tz.

Schreibung des s-Lautes

Einen s-Laut kann man auf 2 Arten aussprechen: als weiches, stimmhaftes *s* wie bei *Hase* oder als scharfes, stimmloses *s* wie bei *Hass*. Das weiche, stimmhafte *s* kommt immer als einzelner Konsonant vor, z. B. *lesen*, *Nase*, *leise*. Für das stimmlose *s* gibt es dagegen drei verschiedene Schreibweisen:

- Doppel-*s* (*ss*) nach kurz gesprochenen Vokalen: *Schl**oss***, *w**iss**en*, *n**ass***
- Scharfes *s* (*ß*) nach lang gesprochenen Vokalen oder Doppellauten: *Sp**aß***, *gr**üß**en*, *fl**eiß**ig*
- Einfaches *s* am Wortende. Hier kann die Verlängerungsprobe angewendet werden, um die Schreibweise zu erkennen: *Gla**s*** – *Glä**s**er*

Übungsaufgaben

1. Setze *i* oder *ie* ein.

das Sch___ld g___rig k___tzeln der Br___f die St___rn
fr___ren das Pap___r das Z___l das Sp___l das H___ndernis

2. Wie lautet die Antwort? Finde Lösungswörter mit lang gesprochenem *i*.

a) Dieses Tier kann Bäume fällen: ______________________

b) Ein Gerät, das bei der Arbeit hilft: ______________________

c) Eltern, Geschwister, Tanten etc. gehören zur: ______________________

d) Eine gefährliche Raubkatze: ______________________________

e) Dort werden Filme gezeigt: ______________________________

f) Ein Blutsauger in einer Geschichte: ______________________________

3. Trenne die Wörter richtig.

a) Glocke ▶ ______________________________

b) Hitze ▶ ______________________________

c) blicken ▶ ______________________________

d) kratzen ▶ ______________________________

e) Witze ▶ ______________________________

f) wecken ▶ ______________________________

g) Mütze ▶ ______________________________

h) Katze ▶ ______________________________

4. Setze ein: *k* oder *ck*.

die Ja__e der Tri__ dre__ig e__eln die Schau__el
La__en zurü__ pa__en der Ha__en der Geschma__

5. Setze ein: *z* oder *tz*

das Her__ verle__en gei__ig se__en schü__en
der Pla__ spi__ die Schnau__e die Hi__e der Wei__en

6. Setze *s*, *ss* oder *ß* ein.

Heute beschlo__ unsere Kla__e, ein Herbstfe__t zu organisieren.
Es soll schon nächsten Freitag stattfinden. Unser Kla__enlehrer meinte, da__ wir dafür er__t einmal Ideen sammeln mü__ten. Er schlug vor, da__ wir da__ Kla__enzimmer, da__ der Hau__meister erst kürzlich renoviert hatte, für das Fe__t schmücken könnten.

Alles verstanden? Teste dein Wissen

1. Setze die fehlenden Kommas und unterstreiche alle Nebensätze.

a) Lewin beeilt sich mit den Hausaufgaben weil er heute unbedingt Fußball spielen will.

b) Nachdem er den ersten Teil der Serie gesehen hatte wollte Kim unbedingt noch eine Episode schauen.

c) Leider konnten sie das Fahrrad das Tom zum Geburtstag bekommen hatte nicht finden.

d) Weil Mama noch arbeiten war musste Papa das Baby ins Bett bringen.

e) Vor der Hochzeit waren sie so aufgeregt dass sie sogar vergessen hatten zu essen.

f) Er beeilte sich damit er mehr Zeit mit seinen Freunden verbringen konnte.

g) Er brauchte einen Schraubenzieher um die Schraube zu lösen.

2. Dekliniere die folgenden Nomen mit ihren Artikeln im Singular und Plural.

	das Haus	**die Tänzerin**
	Singular	
1. Fall		
2. Fall		
3. Fall		
4. Fall		
	Plural	
1. Fall		
2. Fall		
3. Fall		
4. Fall		

3. Was ist ein Adjektiv? Zähle alle Eigenschaften auf ___

4. Schreibe für jede Wortart mindestens 3 Beispiele auf.

a) Possessivpronomen: ______________________________

b) Unbestimmte Artikel: ______________________________

c) Adverb: ______________________________

d) Konjunktion: ______________________________

e) Numerale: ______________________________

5. Setze folgende Nomen mistsamt dem Artikel in den Plural.

das Konto ▸ ______________________________

das Album ▸ ______________________________

die Hand ▸ ______________________________

der Baum ▸ ______________________________

das Material ▸ ______________________________

das Lexikon ▸ ______________________________

6. Wandele die direkte Rede in die indirekte Rede um.

a) Unser Chef sagte: „Es ist höchste Zeit für ein neues Büro."

____

b) Svens kleine Schwester denkt: „Die Erde ist rund."

____

c) Die Kundin beschwerte sich: „Der Preis hat sich erhöht."

d) Er verspricht: „Ich erledige das sofort."

e) Alle sagen: „Theo redet zu viel."

7. Steigerung der Adjektive: Vervollständige die Tabelle.

Positiv (Normalform)	Komparativ (Steigerungsform)	Superlativ (Höchststufe)
	klüger	
		am liebsten
	mehr	
hoch		
		am stärksten
gut		

8. Bestimme die Verbform so genau wie möglich. (Personalform und Tempus)

a) Die Mädchen sind sehr schnell gelaufen.

b) Dave hatte nicht aufgepasst.

c) Es regnete wie aus Eimern.

d) Ihr werdet noch zu spät kommen.

e) Ich werde das nicht unterstützen.

f) Wir haben den Weihnachtsmann gesehen.

9. Übertrage folgende Sätze ins Passiv. Beachte dabei die Zeitform.

a) Man konnte den Mond am besten am frühen Abend sehen.

b) Bei der Berichterstattung vergaß der Reporter, die Namen der Beteiligten zu nennen.

c) Bei der Geburtstagsfeier hatte Tim nur seine Freunde eingeladen.

10. Übertrage folgende Sätze ins Aktiv. Beachte dabei die Zeitformen.

a) Der Müll wurde von den Helfern wieder eingesammelt.

____

b) Die Katze konnte nicht mehr gefunden werden.

____

c) Die Pizza ist von den Kindern gegessen worden.

____

11. Wandele die Sätze in die in den Klammern vorgegebene Zeitform um.

a) Ich werde in eine neue Schule gehen. ▸ Perfekt

____

b) Tom war noch im Kino. ▸ Präsens

____

c) Sie hatte den Besuch lange geplant. ▸ Futur I

____

d) Sie fuhren mit dem Auto in den Urlaub. ▸ Plusquamperfekt

____

Die Fünf-Schritt-Lesemethode und Textsorten

Die Fünf-Schritt-Lesemethode

Die Fünf-Schritt-Lesemethode ist eine Technik, die dabei hilft, den Inhalt des Textes zu erfassen. Mit ein bisschen Übung kannst du damit jeden Text spielend leicht verstehen.

So funktioniert die Methode

1. Schritt: Überfliege den Text!

- Fange mit der Überschrift an: Lies sie und mache dir ihre Bedeutung klar.
- Gibt es Wörter, die hervorgehoben sind? Achte auf diese Wörter.
- Was weißt du schon und was ist neu für dich?
- Überlege, worum es in dem Text im Großen und Ganzen geht.

2. Schritt: Stelle Fragen!

- Stelle Fragen zum Text. Verwende die W-Fragen: Wer? Was? Wann? Warum? Wo?
- Lies dir die Aufgabenstellung zum Text genau durch.

3. Schritt: Lies den Text gründlich!

- Kläre unbekannte Begriffe.
- Markiere wichtige Stellen mit verschiedenfarbigen Stiften.

- Notiere Schlüsselwörter. Das sind besonders wichtige Wörter.
- Formuliere Überschriften für einzelne Textabschnitte.
- Besonders schwierige Abschnitte solltest du mehrmals bearbeiten.

4. Schritt: Fasse Wichtiges zusammen!

- Fasse den Inhalt des Textes abschnittweise zusammen.
- Verwende eigene Formulierungen und verknüpfe die Sätze mithilfe von Einleitewörtern.
- Du kannst auch eine Mindmap oder Skizze erstellen, um den Inhalt bildlich darzustellen.

5. Schritt: Wiederhole!

- Wiederhole die Informationen des ganzen Textes mit eigenen Worten. Du kannst die Zusammenfassung – als zusätzliche Übung – laut vortragen.
- Du kannst dein Wissen auch in Form eines Plakats darstellen.

Textsorten

Texte können sprachlich und inhaltlich sehr verschieden sein. Anhand interner und externer Merkmale lassen sich Texte in unterschiedliche Textsorten einteilen. Textinterne Merkmale lassen beispielsweise erkennen, ob ein Text fiktional (erfunden) oder faktual (real) ist und welche Funktion der Text hat. Auch der Schreibstil gehört zu den internen Kriterien. Zu den textexternen Merkmalen zählen u. a. der Umfang, die Struktur und die angesprochene Zielgruppe. Übergeordnet wird zunächst zwischen faktualen und fiktionalen Texten unterschieden.

Faktualer Text (Sachtext)

Faktuale Texte beinhalten Beschreibungen von (oder eine Auseinandersetzung mit) realen Dingen, die tatsächlich passiert oder relevant für den Alltag sind. Dazu gehören beispielsweise: Argumentation, Brief, Diskussion, Gebrauchsanweisung, Gerätebeschreibung, Interview, Predigt, Reklame, Rezept, Rundfunknachricht, Stellenausschreibung, Stellungnahme, Vorlesung, Wetterbericht, Zeitungsartikel, Bericht …

Fiktionaler Text (literarischer Text)

Als fiktional werden ausgedachte Texte bezeichnet. Sie beziehen sich zwar oft auf reale Dinge, aber dies sind meist nur Darstellungen, wie etwas möglicherweise passiert sein könnte. Dazu gehören beispielsweise: Ballade, Detektivgeschichte, Fabel, Gedicht, Komödie, Krippenspiel, Kurzgeschichte, Legende, Märchen, Novelle, Roman, Sage, Trauerspiel, Volksbuch, Anekdote, Parabel, Sage, Satire

Wenn ein Text näher untersucht werden soll, dann sind zunächst folgende Aspekte zu betrachten:

- Umfang: Wie lang ist der Text?
- Textstruktur: Wie ist der Text aufgebaut?
- Thema: Worum geht es in dem Text?
- Schreibstil / Wortwahl: Wie drückt sich der Autor / die Autorin aus?
- Textfunktion: Welches Ziel verfolgt der Text?
- Begebenheiten: Ist es eine wahre oder ausgedachte Geschichte?
- Zielgruppe: Welche Leser / Leserinnen werden angesprochen?

Im Folgenden werden einige wichtige Textsorten vorgestellt, die du mithilfe der jeweiligen Übungsaufgaben besser verstehen wirst.

Gedichte (literarischer Text)

Gedichte sind lyrische Texte. Sie bestehen aus Versen und Strophen. Eine Zeile nennt man Vers und mehrere Verse bilden eine Strophe. Bei manchen Gedichten klingen die Wörter am Ende der Verse ähnlich; das heißt, sie reimen sich. Der Reim ist aber keine zwingende Voraussetzung für ein Gedicht. Innerhalb der Verse gibt es ein sogenanntes Metrum. Es lässt das Gedicht rhythmisch klingen.

Inhalte von Gedichten

In Gedichten werden sehr unterschiedliche Themen aufgegriffen. Sie behandeln diese entweder direkt, indem das Thema genannt und beschrieben wird, oder indirekt durch die Verwendung einer bildlichen Sprache oder anderen rhetorischen Mitteln. Das Thema gibt oft einen Hinweis auf die zeitliche Epoche, in der ein Gedicht verfasst wurde. Ein beliebtes Thema in der Zeit der

Romantik war zum Beispiel „Liebe". Im Barock wurde häufig über „Vergänglichkeit" geschrieben.

Merkmale von Gedichten

In Gedichten werden oft verschiedene rhetorische (= stilistische) Mittel verwendet. Die wichtigsten rhetorischen Mittel in Gedichten sind im Folgenden beschrieben.

- **Metapher**: Sprachlicher Ausdruck, bei dem ein Wort mit einer anderen Bedeutung für eine bildliche Darstellung verwendet wird. Beispiel: „Er bricht mir das Herz."
- **Anapher**: Wiederholung von einem oder mehreren Wörtern am Versanfang. Beispiel: „*Ich ging* hinaus in die Welt, *Ich ging* fort von dir."
- **Alliteration**: Häufung von Wörtern, die mit dem gleichen Buchstaben beginnen. Beispiel: „Meine Mutter macht mir meine Milch."
- **Assonanz**: Übermäßiges Wiederholen eines Vokals in einem Vers. Beispiel: „Stille ist die innere Stimme."
- **Personifikation**: Vermenschlichung von Objekten / Tieren: Beispiel: „Die Uhr rannte, als verfolge sie der Tod."

Übungsaufgaben

Lies das folgende Gedicht und bearbeite dann die anschließenden Aufgaben.

Frühlingslied

(Verfasser: Hermann Conradi)

Frühling! Frühling! Welchen Zauber
Birgt nicht dieser eine Laut! –
Schneegebraus und Winterwetter
Weicht dem Vogellustgeschmetter,
Und der Himmel wonnig blaut.

Wachgeküßt vom Frühlingswinde,
Von der Sonne warmem Strahl,
Prangt im Auferstehungskleide
Die Natur – ihr Goldgeschmeide
Sind die Blumen überall.

Sei gegrüßt mir, holder Frühling!
Auch in mein Herz zogst du ein.
Brachtest Sonnenschein da drinnen,
Wecktest wieder holdes Minnen
In des Herzens tiefem Schrein.

Drum will ich im Jubelsange
Weithin über Berg und Tal
Preisen, daß der Lenz gekommen.
Daß das Leid ein 'nd' genommen
Mit der Sonne Frühlingsstrahl.

Erstveröffentlichung in: Deutscher Dichter-Freund
(Neuer Musenhain). 24. Juni 1880

1. Worum geht es in dem Gedicht (Thema)? Fasse den Inhalt mit deinen eigenen Worten zusammen.

2. Finde mindestens 3 stilistische Mittel und schreibe sie auf.

3. Dichte eine eigene Strophe zu dem Gedicht. Sie sollte in Bezug auf Thema und Stil zu den übrigen Strophen passen.

Märchen (literarischer Text)

Märchen kennst du wahrscheinlich aus deiner frühen Kindheit. Es gibt sie in allen Ländern der Welt. Ganz früher wurden Märchen vor allem mündlich erzählt. Später wurden diese dann gesammelt und aufgeschrieben. Berühmte Märchensammlungen gibt es zum Beispiel von den Gebrüdern Grimm und von Hans Christian Andersen.

Merkmale von Märchen

- Typisch für ein Märchen ist die Anfangsformel mit Betonung auf die Vergangenheit: Es war einmal … In einem großen, prächtigen Schloss lebte …
- Die Hauptperson ist der Held bzw. die Heldin des Märchens.
- Zeit und Ort des Geschehens werden nicht genau genannt, Märchen spielen aber in der Vergangenheit.
- Die Hauptperson muss eine Aufgabe oder ein Problem lösen.
- Es gibt einen bösartigen Gegenspieler.
- Menschliche Eigenschaften tauchen oft als Gegensätze auf: dumm – schlau, gut – böse, hübsch – hässlich, arm – reich.
- Personen oder Dinge mit übernatürlichen Eigenschaften helfen dem Helden oder schaden ihm (Hexen, Zauberer).
- Menschen, Tiere und Pflanzen können im Märchen verzaubert oder von einem Zauber erlöst werden.
- Dinge oder Tiere können oft sprechen.
- Es gibt Verwandlungen, z. B. vom Menschen zum Tier und wieder zurück.

- Oft spielt ein König, eine Königin, eine Prinzessin oder ein Prinz eine wichtige Rolle.
- Zahlen sind oft symbolisch und stehen für Glück oder Unglück (z. B.: 3, 7, 13).
- Auch wertvolle Dinge haben im Märchen eine symbolische Bedeutung. Zum Beispiel steht ein goldener Ring oft für Verbundenheit und Liebe.
- Falsches Handeln wird bestraft.
- Es gibt oft ein glückliches Ende, manchmal aber auch ein böses Ende.
- Oft endet ein Märchen mit den Worten: Und wenn sie nicht gestorben sind ...

Die genannten Merkmale müssen nicht alle in einem Märchen vorhanden sein!

Aufbau eines Märchens

1. **Einleitung**: In der Einleitung eines Märchens werden die W-Fragen „Wer, wie, was, wann, wo, warum?" beantwortet.
2. **Hauptteil**: Im Hauptteil steigert sich die Spannung zum Höhepunkt hin. Der Höhepunkt wird im Märchen ausführlich beschrieben.
3. **Schluss**: Der Schluss des Märchens ist kurz und beantwortet alle Fragen. Das Ende kann gut oder schlecht sein.

Übungsaufgaben

Lies das folgende Märchen und bearbeite dann die anschließenden Aufgaben.

Die Alte im Wald

(Verfasser: Jacob und Wilhelm Grimm)

Es fuhr einmal ein armes Dienstmädchen mit seiner Herrschaft durch einen großen Wald, und als sie mitten darin waren, kamen Räuber aus dem Dickicht hervor und ermordeten, wen sie fanden. Da kamen alle miteinander um bis auf das Mädchen, das war in der Angst aus dem Wagen gesprungen und hatte sich hinter einem Baum verborgen. Wie die Räuber mit ihrer Beute fort waren, trat es herbei und sah das große Unglück. Da fing es an bitterlich zu weinen und sagte: »Was soll ich armes Mädchen nun anfangen, ich weiß mich nicht aus dem Wald herauszufinden, keine Menschenseele wohnt darin, so muß ich gewiß verhungern.« Es ging herum, suchte einen Weg, konnte aber keinen finden. Als es Abend war, setzte es sich unter einen Baum, befahl sich Gott und wollte da sitzen bleiben und nicht weggehen, möchte geschehen, was immer wollte.

Als es aber eine Weile da gesessen hatte, kam ein weiß Täubchen zu ihm geflogen und hatte ein kleines, goldenes Schlüsselchen im Schnabel. Das Schlüsselchen legte es ihm in die Hand und sprach: »Siehst du dort den großen Baum, daran ist ein kleines Schloß, das schließ mit dem Schlüsselchen auf, so wirst du Speise genug finden und keinen Hunger mehr leiden.« Da ging es zu dem Baum und schloß ihn auf und fand Milch in einem kleinen Schüsselchen und Weißbrot zum Einbrocken dabei, daß es sich satt essen konnte. Als es satt war, sprach es: »Jetzt ist es Zeit, wo die Hühner daheim auffliegen, ich bin so müde, könnt ich mich doch auch in mein Bett legen.« Da kam das Täubchen wieder geflogen und brachte ein anderes goldenes Schlüsselchen im Schnabel und sagte: »Schließ dort den Baum auf, so wirst du ein Bett finden.« Da schloß es auf und fand ein schönes, weiches Bettchen; da betete es zum lieben Gott, er möchte es behüten in der Nacht, legte sich und schlief ein. Am Morgen kam das Täubchen zum drittenmal, brachte wieder ein Schlüsselchen und sprach: »Schließ dort den Baum auf, da wirst du Kleider finden«, und wie es aufschloß, fand es Kleider, mit Gold und Edelsteinen besetzt, so herrlich, wie sie keine Königstochter hat. Also lebte es da eine Zeitlang, und kam das Täubchen alle Tage und sorgte für alles, was es bedurfte, und war das ein stilles, gutes Leben.

Einmal aber kam das Täubchen und sprach: »Willst du mir etwas zuliebe tun?«

»Von Herzen gerne«, sagte das Mädchen. Da sprach das Täubchen: »Ich will dich zu einem kleinen Häuschen führen, da geh hinein, mittendrein am Herd wird eine alte Frau sitzen und ›Guten Tag‹ sagen. Aber gib ihr beileibe keine Antwort, sie mag auch anfangen, was sie will, sondern geh zu ihrer rechten Hand weiter, da ist eine Türe, die mach auf, so wirst du in eine Stube kommen, wo eine Menge von Ringen allerlei Art auf dem Tisch liegt, darunter sind prächtige mit glitzerigen Steinen, die laß aber liegen und suche einen schlichten heraus, der auch darunter sein muß, und bring ihn zu mir her, so geschwind du kannst.«

Das Mädchen ging zu dem Häuschen und trat zu der Türe ein; da saß eine Alte, die machte große Augen, wie sie es erblickte, und sprach: »Guten Tag, mein Kind.« Es gab ihr aber keine Antwort und ging auf die Türe zu. »Wohinaus?« rief sie und faßte es beim Rock und wollte es festhalten, »das ist mein Haus, da darf niemand herein, wenn 'ch's nicht haben will.« Aber das Mädchen schwieg still, machte sich von ihr los und ging gerade

in die Stube hinein. Da lag nun auf dem Tisch eine übergroße Menge von Ringen, die glitzten und glimmerten ihm vor den Augen; es warf sie herum und suchte nach dem schlichten, konnte ihn aber nicht finden.

Wie es so suchte, sah es die Alte, wie sie daherschlich und einen Vogelkäfig in der Hand hatte und damit fort wollte. Da ging es auf sie zu und nahm ihr den Käfig aus der Hand, und wie es ihn aufhob und hineinsah, saß ein Vogel darin, der hatte den schlichten Ring im Schnabel. Da nahm es den Ring und lief ganz froh damit zum Haus hinaus und dachte, das weiße Täubchen würde kommen und den Ring holen, aber es kam nicht. Da lehnte es sich an einen Baum und wollte auf das Täubchen warten, und wie es so stand, da war es, als wäre der Baum weich und biegsam und senkte seine Zweige herab. Und auf einmal schlangen sich die Zweige um es herum und waren zwei Arme, und wie es sich umsah, war der Baum ein schöner Mann, der es umfaßte und herzlich küßte und sagte: »Du hast mich erlöst und aus der Gewalt der Alten befreit, die eine böse Hexe ist. Sie hatte mich in einen Baum verwandelt, und alle Tage ein paar Stunden war ich eine weiße Taube, und solang sie den Ring besaß, konnte ich meine menschliche Gestalt nicht wiedererhalten.« Da waren auch seine Bedienten und Pferde von dem Zauber frei, die sie auch in Bäume verwandelt hatte, und standen neben ihm. Da fuhren sie fort in sein Reich, denn er war eines Königs Sohn, und sie heirateten sich und lebten glücklich.

1. Finde mindestens 10 typische Märchen-Merkmale in dem Märchen „Die Alte im Wald" und notiere sie.

2. Überlege dir einen neuen, passenden Titel für das Märchen und schreibe ihn auf.

3. Was ist die Kernaussage des Märchens? Fasse sie in maximal 2 Sätzen zusammen.

Fabel (literarischer Text)

Das Wort Fabel kommt aus dem Lateinischen und bedeutet Erzählung oder Geschichte. In Fabeln spielen Tiere oder Pflanzen eine wichtige Rolle. Sie übernehmen die Handlungen von Menschen und verkörpern dabei meist deren typischen Eigenschaften. In Fabeln werden diese Verhaltensweisen und Schwächen der Menschen kritisch dargestellt. Am Ende der Fabel wird oft eine Lehre formuliert (die Moral von der Geschichte), die man aus der Erzählung ziehen kann. Manchmal muss die Lehre auch allein erkannt werden. Beispiel für eine Lehre: *Was dir heute nutzt, das kann dir morgen schaden, darum denke nach, bevor du handelst.*

Aufbau einer Fabel

1. **Überschrift**: Meist nennt die Überschrift die beteiligten Tiere. Beispiel: Der Hase und der Löwe.
2. **Ausgangssituation**: Sie dient zur direkten Einführung in eine Situation. Dabei begegnen sich zum Beispiel zwei Tiere und die Handlung beginnt sofort.
3. **Es gibt immer einen Spieler und Gegenspieler, z. B.**: Hase und Löwe.
4. **Erste Handlung (Aktion)**: Es kommt zu einer Auseinandersetzung zwischen den Tieren. Dabei sprechen die Tiere wie Menschen.
5. **Zweite Handlung (Reaktion)**: Die Auseinandersetzung geht weiter.
6. **Ergebnis der Handlung**: Die Auseinandersetzung geht zu Ende. Es gibt einen Gewinner und einen Verlierer.
7. **Lehre**: Es gibt eine Moral. Eine Verhaltensweise von Menschen wird kritisiert und ein Verbesserungsvorschlag für das Handeln gemacht.

Fabeltiere und ihre Eigenschaften

Jedem Tier werden bestimmte Charaktereigenschaften zugeschrieben. Außerdem haben die Tiere oft einen Namen. Zum Beispiel:

Tier	Fabelname	Charaktereigenschaften
Bär	Meister Petz	freundlich, gutmütig
Biber	Bokert	fleißig, arbeitswütig
Dachs	Grimbart	ruhig, nachdenklich

Tier	Fabelname	Charaktereigenschaften
Ente	Tybbke	einfältig, dumm
Esel	Boldewyn	faul, störrisch
Gans	Adelheid	geschwätzig
Hund	Hylax	freundlich, treu
Henne	Kratzefuß	dumm, einfach
Kater	Hinze	eigenwillig
Lamm	Lamb	schwach, schutzlos, dumm
Hahn	Henning	stolz, hochnäsig, eitel
Löwe	Leo, Leu, König der Tiere	mächtig, stolz, stark
Igel	Arbnora, Swineigel	schlau, klug
Storch	Adebar	stolz
Wolf	Isegrim	gefräßig, dem Bauch gehorchend
Rabe	Pflückebeutel	diebisch, eitel, besserwisserisch, dumm

Übungsaufgaben

Lies die folgende Fabel und bearbeite dann die anschließenden Aufgaben.

Rabe und Fuchs

(Verfasser: Aesop)

Ein Rabe hatte einen Käse gestohlen, flog damit auf einen Baum und wollte dort seine Beute in Ruhe verzehren. Da es aber der Raben Art ist, beim Essen nicht schweigen zu können, hörte ein vorbeikommender Fuchs den Raben über dem Käse krächzen. Er lief eilig hinzu und begann den Raben zu loben: »O Rabe, was bist du für ein wunderbarer Vogel! Wenn dein Gesang ebenso schön ist wie dein Gefieder, dann sollte man dich zum König aller Vögel krönen!«

Dem Raben taten diese Schmeicheleien so wohl, daß er seinen Schnabel weit aufsperrte, um dem Fuchs etwas vorzusingen. Dabei entfiel ihm der Käse. Den nahm der Fuchs behend, fraß ihn und lachte über den törichten Raben.

1. Welche Eigenschaften verkörpern die Tiere? Finde die in der Fabel dargestellten Eigenschaften und ergänze sie mit deinen eigenen Worten.

Rabe	Fuchs

2. Was ist die Lehre / Moral dieser Fabel? Schreibe dies in deinen eigenen Worten auf.

3. Finde eine andere Überschrift für die Fabel.

Kurzgeschichte (literarischer Text)

Merkmale von Kurzgeschichten

- Eine Kurzgeschichte hat keine Einleitung. Sie beginnt direkt mit der Handlung.
- Es gibt nur wenige handelnde Figuren.
- Die handelnden Figuren werden nicht ausführlich beschrieben.
- Inhaltlich geht es meist um alltägliche Szenen, die mit einem außergewöhnlichen Erlebnis verbunden sind.
- Der Ort des Geschehens wird nicht genau benannt.
- Der Zeitraum, in welchem die Geschichte spielt, ist kurz. Das heißt, es sind nur wenige Minuten, Stunden oder Tage.
- Am Ende gibt es meist eine überraschende Wendung.
- Der Schluss einer Kurzgeschichte ist in der Regel offen.

Übungsaufgaben

Lies die folgende Kurzgeschichte und bearbeite dann die anschließenden Aufgaben.

Die Aliens von nebenan

Heute stand in der Galaxie-Schule ein Klassenausflug der 8b an. Geplant war ein Flug um den Mond. Doch der Lehrer, der ihr Gefährt lenkte, verirrte sich und so landeten sie durch Zufall auf einen ihnen unbekannten Planeten – es war die Erde. Die Schüler und Schülerinnen der 8b wunderten sich, wo sie gelandet waren. Alles sah so anders aus als auf ihrem Heimatplaneten. Hier war es bunt, wild und laut. Alles sah komisch aus. Das Komischste waren die Lebewesen.

Nach kurzer Rücksprache mit ihrem Lehrer entschieden sich die Aliens, den Tag auf der Erde zu verbringen. Sie wollten sich gründlich umschauen und die eigenartigen Wesen studieren. Alle waren sehr neugierig und hätten am liebsten Kontakt zu den Zweibeinern aufgenommen, aber sie hatten eine gehörige Portion Angst.

Zum Glück hatten sie ihre speziellen Tarnanzüge dabei. Mit diesen konnten sie sich unter die Menschen mischen und sie beobachten, ohne aufzufallen.

Da sie im Zentrum einer Stadt gelandet waren, verteilten sich die Schüler und Schülerinnen und erkundeten die umgebenden Gassen, Häuser und Grünanlagen. 2 Aliens gingen durch die Straßen der Stadt spazieren und wunderten sich, warum alle so hektisch hin und her liefen. Es schien, als wären die Bewohner dieses Planeten immer nur in Eile. Mutig betraten 2 weitere Aliens einen Supermarkt. Sie waren sehr verwundert und fragten sich, was in den ganzen Schachteln und Flaschen enthalten sein mochte.

Die Leute trugen dieses Zeug beutelweise aus dem Haus. Sie bekamen langsam Hunger, aber sie fanden in diesen Räumlichkeiten nichts, was sie hätten essen können. Sie wunderten sich allerdings über die etwas kleineren Wesen, die komisch geformte Dinge in ihren Händen hielten und diese in ihren Mund schoben. „Was ist das wohl?", dachten sie.

Der Rest der Klasse saß im Park und kam ebenso nicht mehr aus dem Staunen heraus. „Was machen die da?", fragten sie sich gegenseitig und zeigten mit ihren Extremitäten auf die quirligen Wesen. Auf den schmalen Wegen im Park rannten bunt bekleidete und feucht aussehende Zweibeiner mit langen und kurzen Haaren in allen erdenklichen Formen und Farbtönen so schnell, als würden sie verfolgt werden. Doch die Aliens konnten keine Verfolger entdecken. Manche, die nicht so schnell unterwegs waren, ließen sich von vierbeinigen Exemplaren unterschiedlicher Größe an einer Schnur durch den Park ziehen. Andere wiederum lagen faul auf dem grünen Boden, nahmen ein Lichtbad in der Sonne oder starrten auf gebündelte Papierstapel. Während sich die Aliens ganz vertieft ihrer Neugier hingaben, merkten sie nicht, dass sich ihnen eine Schulklasse näherte, die aus vielen Zweibeinern bestand, die alle ungefähr gleich groß waren. Erst als sich diese direkt neben sie hinsetzten, schraken die Aliens auf und starrten die Besucher an. Sie fühlten sich unwohl und bedrängt. Doch es sollte noch schlimmer kommen: Auf einmal sprachen die Wesen sie an und luden sie ein, mit ihnen Fußball zu spielen.

1. Finde eine neue Überschrift für die Kurzgeschichte.

____

____

____

2. Schreibe das Ende der Geschichte.

3. Finde 5 typische Merkmale für Kurzgeschichten und schreibe sie auf.

Sage (literarischer Text)

Eine Sage ist eine Geschichte über sonderbare Orte, außergewöhnliche Ereignisse, rätselhafte Gegenstände oder Namen, für die man keine richtige Erklärung finden kann. Es gibt sehr alte Sagen, aber Sagen werden auch heute noch neu geschrieben.

Merkmale von Sagen

- Sagen wurden ursprünglich mündlich weitergegeben.
- Sagen versuchen zu erklären, wie besondere Naturerscheinungen oder besondere Bauwerke entstanden sind.
- Es werden genaue Zeitpunkte und Orte benannt.
- Es können auch übernatürliche Wesen mit besonderen Kräften vorkommen.
- Sagen haben meist einen wahren Kern, der mit fantasievollen Ereignissen ausgeschmückt wird.

Aufbau einer Sage

1. **Überschrift**: Diese benennt das Thema der Sage.
2. **Einleitung**: Oft handelt es sich hierbei um eine Vorgeschichte, in der Zeit, Ort und der Auslöser des Geschehens genannt werden. Die Einleitung steht meist im Präsens (Gegenwart).
3. **Hauptteil**: Der Hauptteil gibt die Geschehnisse wieder. Das heißt, dass darin beschrieben wird, wie es zu einem Ereignis gekommen ist. Der Hauptteil steht meist im Präteritum (Vergangenheit).

4. **Schluss**: Dieser beschreibt die Auswirkungen der Geschehnisse auf die heutige Zeit. Der Schluss steht meist im Präsens (Gegenwart).

Die verschiedenen Arten von Sagen

- Heldensagen: Sie beinhalten fantastische Figuren und Ereignisse.
- Örtliche Sagen: Sie wollen außergewöhnliche und merkwürdige Ereignisse oder Naturerscheinungen erklären.
- Göttersagen: Sie erzahlen von Göttern, die unter Menschen leben. Hierbei geht es oft um das Verhalten und die Lebensweise von Menschen; auch Kriege werden thematisiert.
- Moderne Sagen / Urbane Legenden / Großstartmythos: Sie erzählen von verrückten Begebenheiten, deren Ursprung man nicht mehr nachverfolgen kann

Übungsaufgaben

Lies die folgende Sage und bearbeite dann die anschließenden Aufgaben.

Das Krokodil im Kanal

Es gibt einen sogenannten Großstadtmythos vom Krokodil im Kanal – es wird auch Kanalligator genannt. Die Geschichte ist weit verbreitet. Der Sage nach sollen Krokodile beziehungsweise Alligatoren nach ihrer Flucht aus dem Zoo Abwasserkanäle aufgesucht haben, um dort zu leben. Manche sagen auch, dass sie als Haustiere gehalten und dann von ihren Besitzern die Toilette heruntergespült wurden. In der New Yorker Kanalisation soll sogar eine weiße Alligatorenpopulation – Albinos – leben. Der Mythos ist vor allem in den USA, aber auch in Europa weitverbreitet. Aufgrund dieser Geschichten ist der weiße Alligator ein Symbol für moderne Mythen / Sagen geworden.

1. Worum geht es in dem Beispiel? Beschreibe es in deinen eigenen Worten.

2. Kennst du eine moderne Sage oder eine urbane Legende? Schreibe sie auf oder denke dir eine eigene aus.

3. Vergleiche die verschiedenen Sagen miteinander (Heldensagen, örtliche Sagen, moderne Sagen und Göttersagen). Was könnten Gemeinsamkeiten und Unterschiede sein?

	Heldensage	**Örtliche Sage**	**Moderne Sage**	**Göttersage**
Gemeinsamkeiten				
Unterschiede				

Brief (Sachtext)

Hast du schon einmal einen Brief geschrieben? Vielleicht weißt du dann ja, dass ein Brief einen ganz speziellen Aufbau hat:

1. **Briefkopf**: Jeder Brief hat einen Briefkopf. Dort stehen der Ort, an dem der Brief geschrieben wurde / wird, und das Datum. Beispiel: Hamburg, 15. August 2022.

2. **Korrekte Anrede**: Mit der Anrede wird der Empfänger des Briefes persönlich angesprochen. Dabei gibt es verschiedene Möglichkeiten, je nachdem, an wen der Brief geschrieben wird. Nach der Anrede setzt man entweder ein Ausrufezeichen und schreibt danach groß weiter oder man setzt ein Komma und schreibt klein weiter. Beispiele: „Hallo Ina, heute …“; „Liebe Oma! Alles …“; „Guten Tag Herr Martin, hiermit …“; „Sehr geehrte Frau Meier, aufgrund …“.

3. **Textteil**: Ein Brief hat meist eine Einleitung, einen Hauptteil und einen Schluss. Das ist aber nicht zwingend nötig. Wichtig ist, Gedanken so zu ordnen und wiederzugeben, dass der Leser oder die Leserin diese nachvollziehen kann. Fremde Personen und Respektspersonen (z. B. Lehrer oder Lehrerin, Eltern von Freunden) werden, solange diese das Duzen nicht von sich aus angeboten haben, mit *Sie, Ihnen, Ihre* angesprochen. Vertraute Menschen, die im alltäglichen Leben geduzt werden, können auch im Brief mit *du, dir, dich, ihr, euch, euer* usw. angesprochen werden.

4. **Inhalt**: Der Inhalt eines Briefes hängt immer davon ab, was damit bezweckt wird. So gibt es Geschäftsbriefe, Kündigungsschreiben, Beschwerdebriefe, Briefe zu Werbezwecken, informative Briefe, Liebesbriefe, Dankesbriefe und so weiter.

5. **Grußformel und Unterschrift**: Ein Brief wird immer mit einer Grußformel und – meist in der Zeile darunter – der Namensunterschrift beendet. Im Deutschen wird nach der Grußformel kein Komma gesetzt. Wie bei der Anrede wird zwischen förmlichen und persönlichen Grußformeln unterschieden.

   Beispiele:
   Viele liebe Grüße
   deine Tanja (oder: **D**eine Tanja)
   Mit freundlichen Grüßen
   Lieschen Müller

Übungsaufgaben

Lies den folgenden Brief und bearbeite dann die anschließenden Aufgaben.

Brief an meinen besten Freund

München, 22.05.2023

Lieber Hans,

wie geht es dir? Wir haben schon lange nichts mehr voneinander gehört. Ich muss aber oft an dich und den letzten Sommer denken. Ich bin immer noch sauer auf meine Eltern, dass wir aus Berlin weggezogen sind. Ich vermisse dich ganz schrecklich.

Ich hoffe, dass Klara dich nicht mehr ärgert. Wie war das Volleyballturnier letzte Woche? Konntest du mitspielen oder tat deine Hand noch weh? Berichte mir bitte unbedingt, ob unsere Mannschaft gewonnen hat.

Wurde dein Fahrrad eigentlich wiedergefunden? Es ist eine Frechheit, dass es dir jemand aus dem Keller gestohlen hat. Und was haben deine Eltern zu der 6 in Mathe gesagt? Ich hoffe, sie waren nicht zu sauer.

Meine Mutti hat mir versprochen, dass wir in den Winterferien nach Berlin fahren. Sie hat sogar schon mit deinen Eltern darüber gesprochen. Du wirst es kaum glauben, aber wir werden sogar bei euch schlafen, während wir in Berlin sind. Dann sollten wir unbedingt noch mal den Godzilla-Film schauen, oder was meinst du? Der war so cool. Geschlafen wird auf jeden Fall nicht. Haha …

Ich freue mich schon auf deine Antwort. Grüß mir den Julius.

Ciao Kakao

dein Peter

1. Finde mindestens 5 Merkmale eines Briefes und kennzeichne sie farbig.
2. Beantworte den Brief. Halte dich dabei an den richtigen Aufbau eines Briefes.

Vorgangsbeschreibung (Sachtext)

Mit einer Vorgangsbeschreibung wird der Ablauf einer bestimmten Angelegenheit so genau wie möglich erläutert. Das können zum Beispiel Gebrauchsanweisungen, Kochrezepte, wissenschaftliche Experimente oder Bastelanleitungen sein.

Aufbau einer Vorgangsbeschreibung

1. **Einleitung**: Vorgangsbeschreibungen beginnen mit einer Überschrift und einer Liste mit den benötigten (oder vorhandenen) Materialien. Manchmal ist auch ein einleitender Satz oder eine Inhaltsangabe dabei.

2. **Hauptteil**: Im Hauptteil wird die Vorgehensweise in einzelnen Schritten genau beschrieben und erklärt. Die richtige Reihenfolge ist dabei sehr wichtig.

3. **Schluss**: Der Schluss beinhaltet zum Beispiel Tipps oder Hinweise, die für das Gelingen wichtig sind oder eine zusätzliche Option bieten.

Merkmale von Vorgangsbeschreibungen

- Vorgangsbeschreibungen sind im Präsens geschrieben.
- Es werden vielfach temporale Konjunktionen verwendet.
- Sie können mit einer persönlichen Anrede verfasst (ich, du, Sie, man) sein, das ist aber nicht zwingend notwendig.
- Sie werden klar und sachlich, aber mit vielen Adjektiven, thematisch passenden Verben und ggf. Fachbegriffen formuliert.

Beispiel für eine Vorgangsbeschreibung – Kochrezept

Omas Pizzasuppe

Zutaten für 6 Portionen:

2 große Zwiebeln

500 Gramm Hackfleisch

1 Esslöffel Olivenöl

1 rote Paprika

1 gelbe Paprika

1 Dose Champignons

1 Dose Mais

¾ Liter Gemüsebrühe (selbst gemacht oder Brühpulver)

1 Liter passierte Tomaten

1 Becher Sahne

200 Gramm Sahneschmelzkäse

Salz und Pfeffer

Oregano

Zubereitung:

Zunächst die Gemüsebrühe nach Anweisung vorbereiten. Dann Champignons und Mais in einen Sieb geben und abtropfen lassen. Olivenöl in einen Topf geben, die Zwiebeln würfeln und zusammen mit dem Hackfleisch in dem Olivenöl anbraten. Währenddessen die gewaschenen und entkernten Paprikaschoten zerkleinern und mit den Champignons und dem Mais zum Hackfleisch geben. Alles kurz anbraten und anschließend mit der Gemüsebrühe ablöschen. Sahne, passierte Tomaten und Sahneschmelzkäse hinzugeben und ca. 10 Minuten köcheln lassen. Zum Schluss mit Salz, Pfeffer und Oregano würzen.

Übungsaufgaben

1.

a) Ordne die folgenden temporalen Konjunktionen nach ihrer zeitlichen Verwendung in die Tabelle ein: zum Schluss – danach – sobald – anschließend- zuerst – nun – bevor – dann – zu Beginn – am Ende – gleich – darauf – zunächst – schließlich – zuletzt – jetzt.

Die temporalen Konjunktionen beschreiben:		
einen Anfang	**ein Ende**	**eine zeitliche Abfolge**

b) Suche dir aus den 3 zeitlichen Verwendungsarten jeweils 2 Konjunktionen aus und schreibe mit jeder davon einen Beispielsatz.

____

____

____

2. Ergänze den Lückentext mit den vorgegebenen Wörtern.

kurz · Mengen · passende · Arbeitsschritte · Titel

informierender Adjektive · sachlich · Präsens (Gegenwart) · Materialien

Eine Vorgangsbeschreibung ist ein ______________ Text. Er ist genau, aber auch so ______________ wie möglich geschrieben.

Sie ist in der Regel ______________________ und wird stets im ______________________ geschrieben.

Durch thematisch ______________________ Verben und viele ______________________ erhält der Leser eine bessere Vorstellung vom Vorgang und kann diesen einfach nachvollziehen.

Jede Vorgangsbeschreibung beginnt mit einem kurzen, aber aussagekräftigen ______________________, der auf einen Blick verdeutlichen soll, um was für einen Vorgang es sich handelt.

Manchmal wird ein Einleitungssatz formuliert, der beschreibt, worum genau es geht. Im Anschluss daran werden die benötigten ______________________, Werkzeuge oder Zutaten mit den erforderlichen ______________________ aufgeführt.

In einer Vorgangsbeschreibung helfen Wörter wie zuerst, bevor, danach, nun, während, jetzt oder zum Schluss, die einzelnen ______________________ in der richtigen Reihenfolge aufzuführen. Es handelt sich hierbei um temporale Konjunktionen.

Stellungnahme (Sachtext)

In einer Stellungnahme wird zu einem bestimmten Thema die eigene Meinung geäußert und erläutert, welchen Standpunkt man hierzu vertritt. Eine Stellungnahme sollte so geschrieben sein, dass andere Personen die geäußerte Meinung und Begründung nachvollziehen können.

Es ist wichtig, bei einer Stellungnahme nicht nur die eigene Meinung zu äußern, sondern auch Argumente vorzubringen, die für einen bestimmten Standpunkt sprechen. Ziel ist, andere Personen davon zu überzeugen. Zuerst wird ein Satz formuliert, der den persönlichen Standpunkt wiedergibt und als Ausgangspunkt für die weitere Argumentation dient (These). Im Anschluss an die These werden Argumente, die den Standpunkt belegen, gesucht und erklärt, ggf. mit anschaulichen Beispielen. Argumente sollten ausführlich und logisch sein, sodass andere sie nachvollziehen können. Begründungen können zum Beispiel mit *denn* oder *weil* eingeleitet werden.

Aufbau einer Stellungnahme

Auch eine Stellungnahme besteht aus einer Einleitung, einem Hauptteil und einem Schluss. In der Einleitung wird die Meinung dargestellt. Im Hauptteil werden Argumente genannt (mit Begründungen und Beispielen). Begonnen wird mit dem schwächsten Argument; das stärkste Argument steht am Ende, denn das zuletzt Gelesene bleibt am besten im Gedächtnis haften und wirkt deshalb umso überzeugender. Zum Schluss werden noch einmal die wichtigsten Punkte zusammengefasst und die eigene Meinung dargestellt. Fall es sich um einen Konflikt handelt, kann man im Schlussteil auch einen Kompromissvorschlag machen.

Übungsaufgaben

Lies die folgende Stellungnahme und bearbeite dann die anschließenden Aufgaben.

Stellungnahme zum Thema Schuluniformen

In unserer Schule wird zurzeit diskutiert, Schuluniformen für alle Schüler und Schülerinnen einzuführen. Ich persönlich denke, dass Schuluniformen viele Vorteile haben, die jedem zugutekommen.

Zum Beispiel müssten die Schüler und Schülerinnen nicht mehr jeden Tag aufs Neue überlegen, was sie anziehen sollen. Man könnte dann morgens länger schlafen.

Außerdem gäbe es keine Unterschiede mehr in Sachen Mode. Der ständige Vergleich, wie sich Klassenkameraden kleiden und ob jemand coolere Klamotten trägt als andere, kann ganz schön nervend sein. Mit einer Schuluniform würden vielleicht weniger Schüler gemobbt werden.

Ein weiteres Argument für Schuluniformen ist, dass dadurch jeder weiß, welche Schule man besucht. Ich denke, wir Schüler und Schülerinnen würden uns dadurch mehr als eine Einheit verstehen, in der keiner mehr ausgegrenzt wird.

Fazit: Ich bin für die Einführung von Schuluniformen in unserer Schule, weil sich daraus Vorteile wie bessere Zeitplanung, weniger Konkurrenzdenken in Bezug auf Modefragen und Förderung des Gemeinschaftsgefühls ergeben.

1. Welcher Standpunkt wurde in der Stellungnahme vertreten (Schuluniform – ja oder nein)? Welche Argumente und Begründungen wurden dafür herangezogen?

2. Fallen dir noch weitere Argumente für oder gegen Schuluniformen ein? Schreibe deine eigene Stellungnahme.

Zeitungsartikel (Sachtext)

Ein Zeitungsartikel wird in einer Zeitung veröffentlicht, informiert sachlich über ein aktuelles Ereignis und soll Interesse wecken. Es gibt verschiedene Arten von Zeitungsartikeln: Zu den informierenden Texten gehören Nachrichten und Berichte. Meinungsäußernde Texte sind Reportagen, Interviews, Leserbriefe und Kommentare.

Merkmale von Zeitungsartikeln

- Zeitungsartikel werden mithilfe der 7 W-Fragen verfasst.
- Sie beinhalten Überschrift, Einleitung, Hauptteil und Schluss. Längere Artikel können durch Absätze und Zwischenüberschriften anschaulicher dargestellt werden.
- Die Überschrift ist besonders wichtig, um das Interesse zu wecken. Man nennt sie auch Schlagzeile.
- Die Einleitung gibt den Ort des Geschehens an und beschreibt kurz den Sachverhalt.
- Im Hauptteil werden der Ablauf des Geschehens und die Hintergründe ausführlicher beschrieben. Die Ereignisse sind in der zeitlichen Reihenfolge geschildert.
- Zum Schluss werden Ereignisse und Folgen des Geschehens kurz zusammengefasst.
- Zeitungsartikel werden meist im Präteritum geschrieben.
- Sie sind in der Regel sehr kurz und einfach gebaut.
- Es geht darum, schnell über die wichtigsten Sachverhalte zu informieren.

- Zeitungsartikel sind immer faktual.
- Es werden Quellenangaben gemacht, also darauf hingewiesen, woher die Informationen stammen.

Übungsaufgaben

Lies den folgenden Zeitungsartikel und bearbeite dann die anschließenden Aufgaben.

Unsere Tiere: Diese Katzen sprengen jeden Rahmen

Mausbach – Entweder man hasst oder liebt sie: die kleinen Schmusekätzchen, Haustiger, Samtpfötchen und Miezekatzen. Heute stellt das Tierheim Mausbach 2 berühmte Exemplare vor. Die Beispiele zeigen, wie weit Tierliebe gehen kann.

In Japan ist aus einem Kater namens Takeshi ein echter YouTube-Star geworden. Es begann damit, dass seine Besitzerin einen kleinen Filmausschnitt teilte, in dem Takeshi zu sehen war. Er sah aus, als würde er breit grinsen. Betont wurde diese Wahrnehmung durch seine außergewöhnlichen Fellfarben. Katzenvideos sind auf der ganzen Welt beliebt und die entzückten Zuschauer forderten mehr Videos von diesem außergewöhnlichen Kater. Takeshis Besitzerin freute sich über die Aufmerksamkeit und fing an, weitere Filme von Takeshi zu posten; ohne zu ahnen, was sich daraus entwickeln sollte. In nur 3 Monaten wurde Takeshi zu einem echten Star – weit über die Grenzen Japans hinaus.

Eine weitere berühmte Katze hört auf den Namen Aurelie. Sie ist die weltweit älteste Katze, lebt in Frankreich und ist 32 Jahre alt. Möglicherweise liegt

das an dem guten französischen Käse, den sie als Leckerchen gereicht bekommt. Ihr Besitzer Roberto liest ihr jeden Wunsch von den Augen ab. Mittlerweile ist Aurelie eine echte Greisin, denn ihr fällt das Laufen schwer und ihr sind die Zähne ausgefallen. Das stört sie aber nicht – dank Roberto erhält sie feinste Süppchen mit schmackhaften Zutaten. Das Unternehmen, das diese spezielle Nahrung für Katzensenioren herstellt, hat Bekanntschaft mit Aurelie gemacht, es kam eins zum anderen und so prangt die alte Dame mittlerweile auf deren Werbeplakaten. Wie lange sie wohl noch leben wird? Neben den Zähnen schwand auch ihre Sehkraft zunehmend dahin und sie benötigt seit einigen Wochen Rundum-Betreuung. Roberto indes überlegte nicht lang, kündigte seinen Job und pflegt seitdem sein geliebtes Tier. Ein Beispiel, das Schule machen könnte.

1. Worum geht es in dem Artikel? Fasse es in einem Satz zusammen.

2. Werde kreativ: Denke dir einen weiteren Text zu einer 3. Katze aus.

2. Beantworte die folgenden Fragen zum Text mit deinen eigenen Worten.

a) Wo lebt Takeshi?

b) Wie alt ist Aurelie?

c) Auf welche Weise beeinflusst ihr Alter das Leben von Roberto?

d) Wie wurde Takeshi berühmt?

3. Wie könnte eine neue Überschrift für den Zeitungsartikel lauten, der Menschen neugierig macht und zum Lesen anregt? Erfinde außerdem zusätzliche Überschriften für die beiden Absätze.

Bericht (Sachtext)

In einem Bericht werden in einem bestimmten Zeitraum ausgeführte Tätigkeiten beschrieben. Darunter fallen zum Beispiel Praktikums-, Tätigkeits-, Unfall- oder Zeitungsberichte.

Auch in einem Bericht werden die 7 W-Fragen beantwortet.

- Wann fand etwas statt?
- Wo fand es statt?
- Was geschah oder was wurde gemacht?
- Wer war daran beteiligt?
- Wie lief es im Detail ab?
- Warum fand etwas statt?
- Welche Folgen / Ergebnisse gibt es?

Merkmale von Berichten

- Es gibt eine Einleitung, einen Hauptteil und einen Schluss.
- Alles ist so genau wie möglich beschrieben.
- Es gibt eine zeitliche Reihenfolge.
- Es wird im Präteritum (Vergangenheit) geschrieben. Ausnahme: Bei einem Praktikums- oder Tätigkeitsbericht wird die Zeitform Präsens (Gegenwart) gewählt.
- Die Sprache ist sachlich.

- Es werden nur Tatsachen berichtet (keine Gefühle oder Vermutungen).
- Es gibt keine wörtliche Rede.
- Die Sätze sind einfach, aber abwechslungsreich.

Übungsaufgaben

Stell dir vor, du arbeitest bei einer Zeitung und sollst aufgrund der Aussage eines Polizisten zu einem Fahrraddiebstahl einen Bericht verfassen. Von einem Kollegen bekommst du folgende schriftlich festgehaltene Aussage: „Hallo! Ich habe nicht viel Zeit, deshalb fasse ich mich kurz: Wie Sie bereits wissen, wurde vergangenen Freitag zum 12. Mal in Folge ein Fahrrad gestohlen. Wir haben leider immer noch keine Informationen zu dem Täter oder den Tätern. Ich kann Ihnen leider nicht viel sagen – im Moment hoffen wir auf weitere Hinweise von Mitbürgern. Vielleicht können Sie in Ihrem Bericht die Leser aufrufen, uns eventuelle Hinweise per Post, E-Mail oder telefonisch zukommen zu lassen. Das würde uns sehr helfen. Schon mal vielen Dank dafür! Wo waren wir stehengeblieben? Ach ja! Dieses Mal traf es einen Jungen. Er war so traurig, als wir mit ihm sprachen. Er hatte das Fahrrad erst am Vortag zu seinem Geburtstag bekommen. Es handelt sich um ein klassisches BMX in den Farben Grün, Orange und Türkis. Der Junge hatte das BMX am Morgen neben der Skaterbahn hinter der Schule abgestellt und es an einem Masten angekettet. Nach der Schule wollte er ein paar Runden drehen, so war sein Plan. Als er aber nach der Schule voller Vorfreude zu seinem Fahrrad eilte, stellte er fest, dass es weg war. Auf mich machte er einen glaubwürdigen Eindruck und ich denke, dass er das Fahrrad wirklich abgeschlossen und gut gesichert hatte – aber man

kann ja nie wissen. Das BMX muss irgendwann zwischen Schulbeginn und Schulschluss gestohlen worden sein. Also zwischen 7.30 und 13.30 Uhr. Wir vermuten, dass es während des Unterrichts passierte, da sich während der Pausen die älteren Schüler und Schülerinnen auch auf dem Hof hinter dem Schulgebäude aufhalten. Das hätte den oder die Täter wahrscheinlich von ihrem Vorhaben abgehalten. Mehr Informationen kann ich Ihnen im Moment leider noch nicht geben. Ich muss jetzt auch los, um 16:00 Uhr haben wir die nächste Zeugenvernehmung. Auf Wiederhören und einen schönen Tag!"

1. Lies dir den Text aufmerksam durch und beantworte alle W-Fragen (wenn möglich).

Wer?

____

Wann?

____

Wo?

____

Was?

____

____

____

Wie?

Warum?

Welche Folgen?

2. Welche Informationen fehlen dir für einen vollständigen Bericht?

Alles verstanden? Teste dein Wissen

1. Schreibe für die folgenden Textsorten jeweils mindestens 5 Merkmale auf.

a) Märchen:

b) Sagen:

c) Fabeln:

d) Vorgangsbeschreibung:

e) Kurzgeschichte:

2. Ordne die vorgegebenen Textsorten / Texte in die passende Spalte der Tabelle ein.

E-Mail · Zeitungsartikel · Märchen · Lügengeschichte · Liebesroman
Bericht · Leserbrief · Diskussion · Interview · Detektivgeschichte
Aufbauanleitung für Möbel · Stellenausschreibung · Legende · Witz

Sachtext	Literarischer Text

3. Beschreibe, wie du einen Text lesen solltest. Welche 5 Schritte helfen dir, den Text zu erfassen?

4. Hast du ein Lieblingsbuch? Dann gib hierzu Informationen und fülle die Tabelle aus.

Titel	
Textsorte	
Hauptfiguren	
Hauptthema	
Zielgruppe	
Inhalt in 5 Sätzen	

Texte schreiben

Texte zu lesen und zu verstehen, ist eine grundlegende Voraussetzung im alltäglichen Leben. Genauso wichtig ist es jedoch, gute und verständliche Texte selbst verfassen zu können. Auch hierfür gibt es Techniken, bei denen es vor allem darum geht, sich vor dem Schreiben Gedanken zu dem Text machen und ihn im Vorfeld zu strukturieren.

Am besten orientiert man sich dabei an den internen und externen Textmerkmalen, die im Zusammenhang mit den Textsorten behandelt wurden.

- Umfang: Wie lang soll der Text sein?
- Textstruktur: Wie soll der Text aufgebaut sein?
- Schreibstil / Wortwahl: Wie kann man sich am verständlichsten ausdrücken? (Beispiele: in Reimen, sachlich, lustig usw.)
- Textfunktion: Welches Ziel verfolgt der Text?
- Begebenheiten: Ist es eine wahre oder ausgedachte Geschichte?
- Zielgruppe: Wer soll angesprochen werden?

Textplanung und -gliederung

Der erste Schritt, um einen Text zu verfassen, ist die Planung und Ideensammlung. Am besten ist es, dafür einen Schreibplan zu erstellen. Dieser unterstützt bei der Umsetzung von Ideen und hilft, Gedanken sinnvoll zu gliedern. Zuerst geht es darum, Ideen zum Thema zu sammeln. Hierfür eignet sich zum Beispiel das Brainstorming. Das ist eine Methode, um Ideen zu sammeln und zu ordnen.

Brainstorming

Zuerst wird das Thema, das Problem oder die Fragestellung in die Mitte auf ein Blatt Papier geschrieben. Drumherum werden neue Ideen angeordnet, die immer weiter unterteilt werden können.

Beispiel

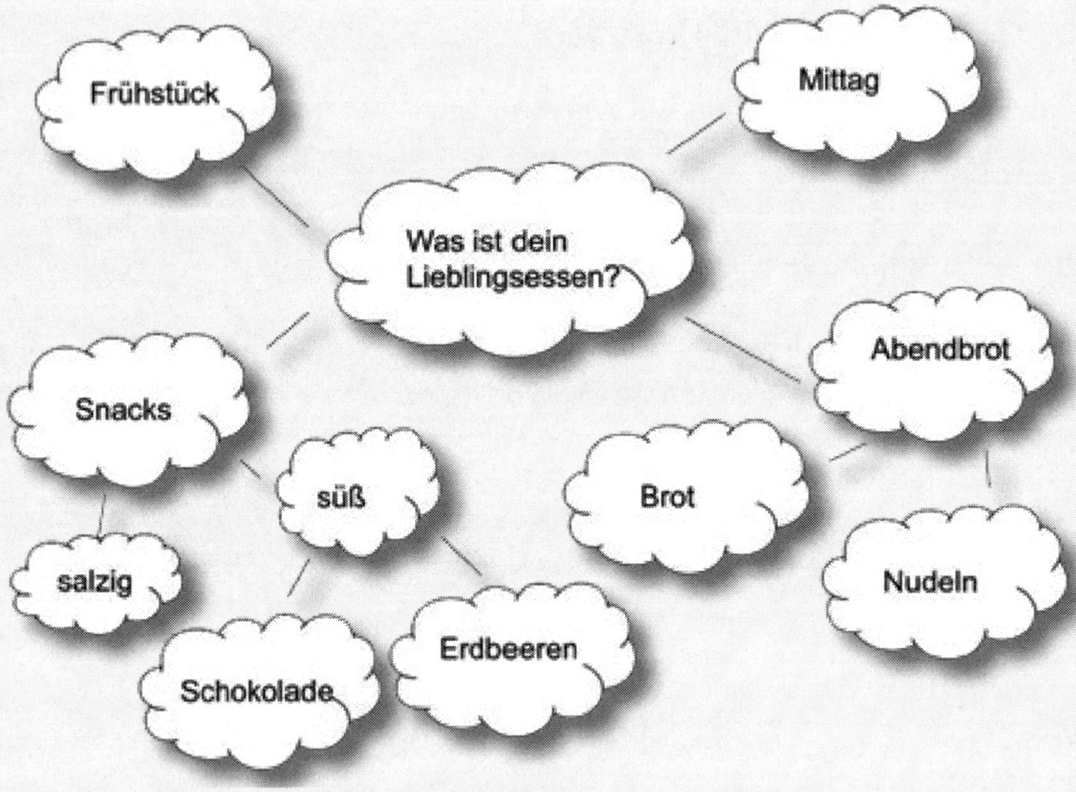

Brainstorming kann für alle erdenklichen Themen und Fragestellungen sowie für fast jede Textsorte angewendet werden. Es ist eine großartige Technik, um Gedanken zu ordnen. Sobald die Ideen verschriftlicht sind, können die einzelnen Teile hinsichtlich ihrer Unterschiede und Gemeinsamkeiten untersucht und zusammengefasst werden.

Textgliederung

Nach dem Brainstorming wird der Text strukturiert. Dabei ist wichtig, zu wissen, was mit dem Text ausgedrückt werden soll und welche Fragen mit dem Text zu beantworten sind.

Die Stichpunkte aus dem Brainstorming finden bei der Gliederung Berücksichtigung, indem sie innerhalb einzelner Kapitel angesprochen werden und als Überschriftenentwürfe verwendet werden. Die Gliederung wird vor dem Schreiben des eigentlichen Textes erstellt und dient als Rahmen. Wenn die Gliederung steht, wird damit begonnen, den Rahmen mit Text zu füllen.

Übungsaufgaben

1. Plane und schreibe einen Text zu folgender Fragestellung: „Was ist dir in einer Freundschaft besonders wichtig?"

a) Brainstorming

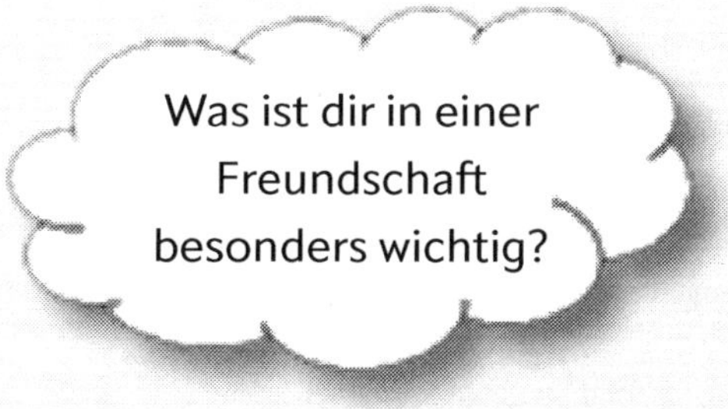

b) Entscheide selbst, ob du eine Kurzgeschichte, ein Märchen oder ein Gedicht schreiben möchtest, und erstelle eine Gliederung.

c) Schreibe deinen Text, indem du dich an deiner Gliederung orientierst.

Die unterschiedlichen Ziele von Texten: informieren, erzählen und argumentieren

Texte können verschiedene Ziele verfolgen. Zum Beispiel gibt es Texte, die eine Geschichte erzählen und damit zur Unterhaltung beitragen. Andere Texte dienen dem Zweck der Information. Außerdem gibt es Texte, die eine Meinung darstellen und einen Standpunkt erläutern. Die Tabelle zeigt beispielhaft, welche Ziele verschiedene Texte verfolgen können. Bitte beachte, dass manche Textsorten mehr als einer Kategorie zugeordnet werden können.

Informieren	**Erzählen**	**Argumentieren**
Gebrauchsanweisung	Reklame	Argumentation
Gerätebeschreibung	Interview	Interview
Reklame	Brief	Brief
Interview	Rundfunknachricht	Diskussion
Brief	Zeitungsartikel	Zeitungsartikel
Rezept	Detektivgeschichte	
Rundfunknachricht	Märchen	
Stellenausschreibung	Legende	
Wetterbericht	Sage	
Zeitungsartikel	Kurzgeschichte	
Bericht	Gedicht	
Legende		
Sage		
Kurzgeschichte		

Übungsaufgaben

1. Schreibe dreimal zu dem Thema „Haustier" jeweils einen kurzen Text: informierend, erzählend und argumentierend. Die Textsorte kannst du dir aussuchen. Es ist dabei egal, um was für ein Tier es sich handelt und ob du selbst ein Haustier hast oder nicht.

a) „Haustier" – informierender Text

b) „Haustier" – erzählender Text

c) „Haustier" – argumentierender Text

Spannend schreiben

Wenn es darum geht, sich eine gute Geschichte auszudenken oder von einer Begebenheit aus dem eigenen Leben zu schreiben, soll das möglichst spannend und unterhaltsam sein. Am Anfang steht die Überlegung, was andere interessieren könnte und das ist davon abhängig, wer die Zielgruppe des Textes ist. So sind etwa für Personen aus dem persönlichen Umfeld folgende Themen interessant: der eigene Geburtstag, ein Besuch im Freizeitpark, Ferien bei Oma und Opa, der letzte Sportwettkampf ...

Tipps für spannendes Schreiben

- Gliedere deine Erzählung in Einleitung, Hauptteil, Höhepunkt und Schluss. Die Spannung wird im Verlauf aufgebaut und löst sich am Schluss auf. Das nennt man auch Spannungsbogen.

- Gib deiner Geschichte einen guten Titel. Er soll neugierig machen, aber nicht alles vorwegnehmen.

- In der Einleitung solltest du über Ort, Zeit und wichtige Beteiligte informieren. Versuche auch dabei, den Leser neugierig auf das zu machen, was noch kommt.

- Sehr wichtig ist der sogenannte rote Faden. Das bedeutet, dass du von deiner Geschichte nicht abschweifst und dich an deinen Schreibplan hältst.

- Versuche, so gut wie möglich deine Gefühle und Gedanken zu übermitteln. So kann nachvollzogen werden, wie sich die Hauptfigur fühlt. Sich beim Lesen in etwas hineinversetzen zu können, regt die Neugier auf das Kommende noch mehr an.

- Verwende auch die wörtliche Rede, denn das erzeugt Spannung, weil man das Gefühl hat, am Geschehen direkt beteiligt zu sein.

- Verwende ausdrucksstarke Verben und viele Adjektive. So kannst du deine Geschichte bunter und lebendiger gestalten (z. B.: schleichen, huschen, humpeln, flitzen, rasen, trödeln, schreien, brüllen, verneinen, gespenstisch, riesig, wunderschön).
- Verwende Worte, die als Spannungsmacher fungieren, z. B. plötzlich, dann oder auf einmal.
- Schreibe im Präteritum.
- Runde die Geschichte mit einem passenden Schluss ab.

Übungsaufgaben

Erzähle von einem besonderen Erlebnis. Es kann schön, gruselig, lustig, peinlich … gewesen sein. Orientiere dich beim Schreiben an den oben genannten Tipps.

Überzeugend schreiben

In machen Texten geht es darum, jemanden vom eigenen Standpunkt zu überzeugen, z. B. bei einer Stellungnahme. Hier nochmal kurz der Aufbau: In der Einleitung wird die eigene Meinung dargestellt, im Hauptteil werden die Argumente genannt (beginnend mit dem schwächsten und endend mit dem stärksten) und zum Schluss werden noch einmal die wichtigsten Punkte zusammengefasst und die eigene Meinung wiederholt. Noch überzeugender kann ein Text wirken, wenn auch Gegenmeinungen einbezogen und diskutiert werden.

Übungsaufgaben

1. Schreibe einen überzeugenden Text zu folgendem Thema: „Ab welchem Alter sollten Kinder ein Handy haben?" Beginne mit einem Brainstorming, um Argumente für und gegen Handys bei Kindern zu sammeln.

a) Brainstorming

b) Was spricht für und gegen Handys für Kinder? Sortiere die im Brainstorming gesammelten Stichpunkte in einer Tabelle.

Pro (für)	Contra (gegen)

c) Schreibe deine Stellungnahme: Gehe auf die gesammelten Pro- und Contra-Argumente ein und begründe deine Meinungen.

Verständlich schreiben

Ein Text sollte immer so formuliert werden, dass andere ihn sofort verstehen und sich das Beschriebene genau vorstellen können. Das ist vor allem bei Sachtexten wichtig. Im Folgenden werden ein paar Beispiele für beschreibende Texte vorgestellt und Details genannt, auf die es hierbei ankommt.

Tiere beschreiben

Eine Tierbeschreibung sollte folgende Informationen enthalten: Aussehen des Tieres, Größe, Gestalt, Lebensraum, Verhalten, Nahrung und Besonderheiten.

Tipps

Bei einer Tierbeschreibung solltest du darauf achten, das Tier so genau wie möglich zu beschreiben. Dabei könnte helfen, wenn du dir vorher ein Bild des Tieres genau anschaust. Erstelle dann einen Schreibplan und notiere dir Stichpunkte zu den einzelnen Merkmalen. Strukturiere deine Tierbeschreibung logisch. Beschreibe es von oben nach unten und von hinten nach vorn. Das solltest du außerdem bei einer Tierbeschreibung beachten:

- Schreibe im Präsens.
- Schreibe in der 3. Person.
- Bleibe sachlich.
- Nutze abwechslungsreiche Adjektive.
- Verwende treffende Verben.
- Benenne die einzelnen Körperteile so genau wie möglich.

Orte beschreiben

Eine Ortsbeschreibung sollte so genau wie möglich sein. So fällt es anderen leicht, sich den Ort vorzustellen oder ihn wiederzuerkennen.

Tipps

Eine Ortsbeschreibung besteht aus Einleitung, Hauptteil und Schluss. In der Einleitung benennst du den Ort, den du beschreiben möchtest. Außerdem machst du allgemeine Angaben zum Ort, wie Größe, Form oder Ähnliches.

Im Hauptteil beschreibst du den Ort genauer. Es ist wichtig, ihn so detailgenau wie möglich zu beschreiben. Achte dabei auf die Reihenfolge: Überlege dir, an welcher Stelle du mit deiner Beschreibung beginnen möchtest und arbeite dich dann von dort aus in eine Richtung weiter, ohne hin und her zu springen.

Am Schluss fasst du zusammen, wie der Ort auf dich wirkt, also z. B. hell, freundlich, verlassen, dunkel usw.

Das solltest du außerdem bei einer Ortsbeschreibung beachten:

- Schreibe im Präsens.
- Bleibe sachlich.
- Nutze passende Präpositionen, Adverbien und Adjektive.
- Verwende treffende Verben, um z. B. die Standort von Gegenständen zu beschreiben.

Personen beschreiben

Eine Personenbeschreibung sollte folgende Informationen beinhalten: Name, Geschlecht, Alter, Gestalt (z. B. Größe, Statur, Haltung, Körperbau, Gang usw.), Informationen zu Kopf und Gesicht, Kleidung, Bewegung und Besonderheiten (z. B. Narben, Piercings usw.). Eine Personenbeschreibung bezieht sich nur auf die äußeren, also sichtbaren Merkmale einer Person.

Tipps

Schaue dir die Person, die du beschreiben möchtest, zuerst genau an. Lege dir am besten einen Zettel mit Stichpunkten an, sodass du bei deiner Beschreibung nichts vergisst. Gliedere deine Beschreibung vom Großen zum Kleinen. Damit ist gemeint, dass du im Verlauf der Beschreibung immer genauer wirst.

Eine Personenbeschreibung wird in Einleitung, Hauptteil und Schluss unterteilt. In der Einleitung machst du Angaben zu den wichtigsten Merkmalen der Person.

Im Hauptteil beschreibst du die Person näher. Dabei ist es wichtig, dass du auf eine logische Reihenfolge achtest. Also zum Beispiel erst die Eigenschaften und dann das Aussehen nacheinander und nicht durcheinander.

Zum Schluss machst du Angaben zum Gesamteindruck der Person, also wie die Person auf dich wirkt.

Das solltest du außerdem bei einer Personenbeschreibung beachten:

- Achte auf eine sinnvolle Reihenfolge.
- Verwende anschauliche Adjektive.

- Schreibe im Präsens.
- Schreibe in der Er- bzw. Sie-Form.
- Bleibe sachlich und vermeide persönliche Empfindungen.

Du kannst zum Beispiel folgende Formulierungen nutzen: *auffallend an ihm / ihr ist …, … ist deutlich zu erkennen, … sind nicht zu übersehen, zeichnet sich durch … aus, seine / ihre … treten besonders hervor, auffälliges Merkmal ist …* usw.

Gegenstand beschreiben

Bei einer Gegenstandsbeschreibung ist es wichtig, diese möglichst genau und präzise vorzunehmen, z. B. um zu verhindern, dass der Gegenstand mit einem anderen verwechselt wird.

Das solltest du bei einer Gegenstandsbeschreibung beachten:

- Achte auf eine sinnvolle Reihenfolge: Beginne mit allgemeinen Merkmalen und beschreibe dann die Besonderheiten.
- Verwende anschauliche Adjektive.
- Schreibe im Präsens.
- Bleibe sachlich.
- Gehe auf Größe, Gewicht, Form, Material, Farbe und Funktion ein.

Wege beschreiben

Eine Wegbeschreibung ist in unserer mobilen Welt sehr wichtig. Ohne Stadt- oder Lageplan ist es schwierig, sich zurechtzufinden. Ein Plan zeigt, wo man sich gerade befindet und auf welchen Wegen ein bestimmtes Ziel zu erreichen ist. Doch wenn kein Plan vorhanden ist, kann eine Wegbeschreibung sehr nützlich sein. Sie muss so genau sein, dass man sich den Verlauf des Weges genau vorstellen kann.

Das solltest du bei einer Wegbeschreibung beachten:

- Nenne auffällige Orientierungspunkte (z. B. Gebäude, Post, Kaufhaus, Kirche, Schule, Kreuzungen, Ampeln, Bahnhof, Brücke usw.).
- Nutze geeignete Verben (z. B. folgen, erreichen, ankommen, abbiegen, sich links / rechts / geradeaus halten usw.).
- Verbinde die Sätze mit Wörtern wie *hier*, *da*, *dort*, *jetzt*, *nun*, *anschließend* und *dann*.
- Schreibe im Präsens.

Übungsaufgaben

1. Beschreibe deinen Lieblingsmusiker, deine Lieblingsmusikerin oder deine Lieblingsband.

2. Was war dein bestes Geburtstagsgeschenk? Beschreibe den Gegenstand.

3. Beschreibe dein Zimmer. Es kann auch so beschrieben werden, wie du es dir wünschst (Traumzimmer).

4. Beschreibe jemandem, der diesen Plan nicht hat, den Weg von der Bäckerei zur Post und schmücke die Beschreibung mit Details zur Umgebung, die auf dem Plan nicht zu sehen sind, aus.

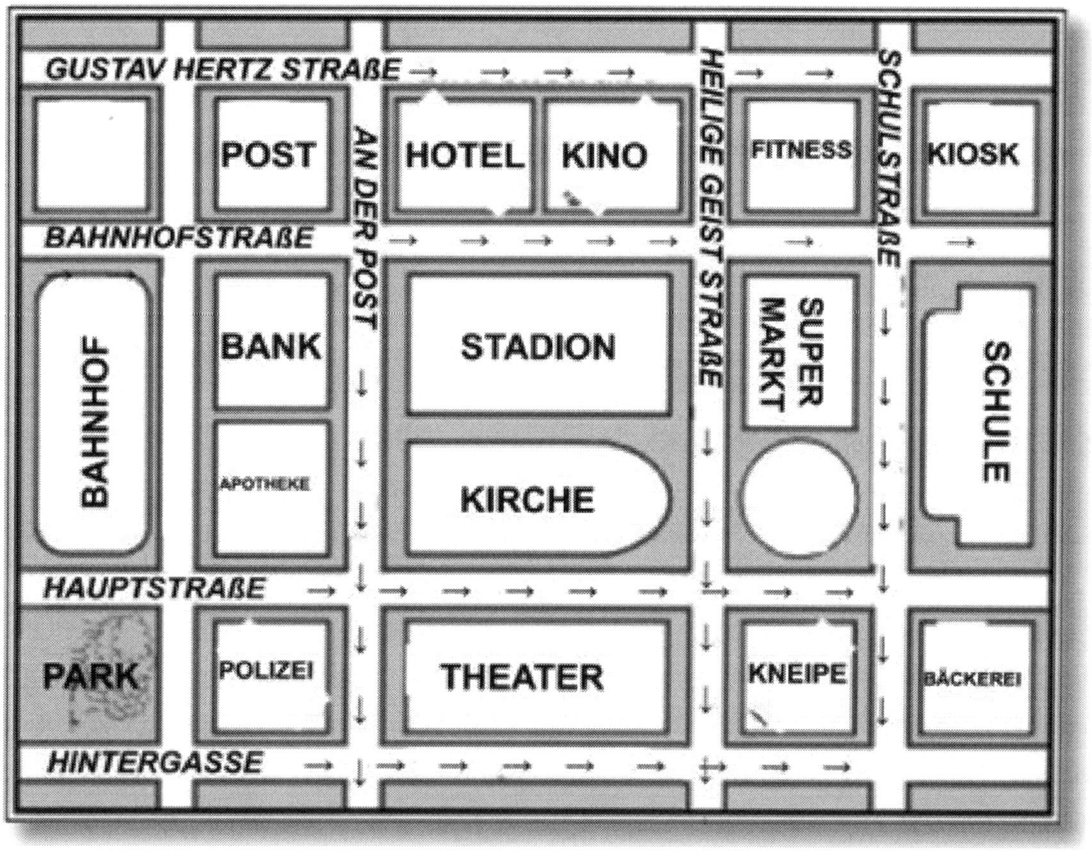

Alles verstanden? Teste dein Wissen

1. In dieser Aufgabe geht es um dein Traumhaus.

a) Mache ein Brainstorming zum Thema „Mein Traumhaus“. Du kannst gern weitere Felder hinzufügen.

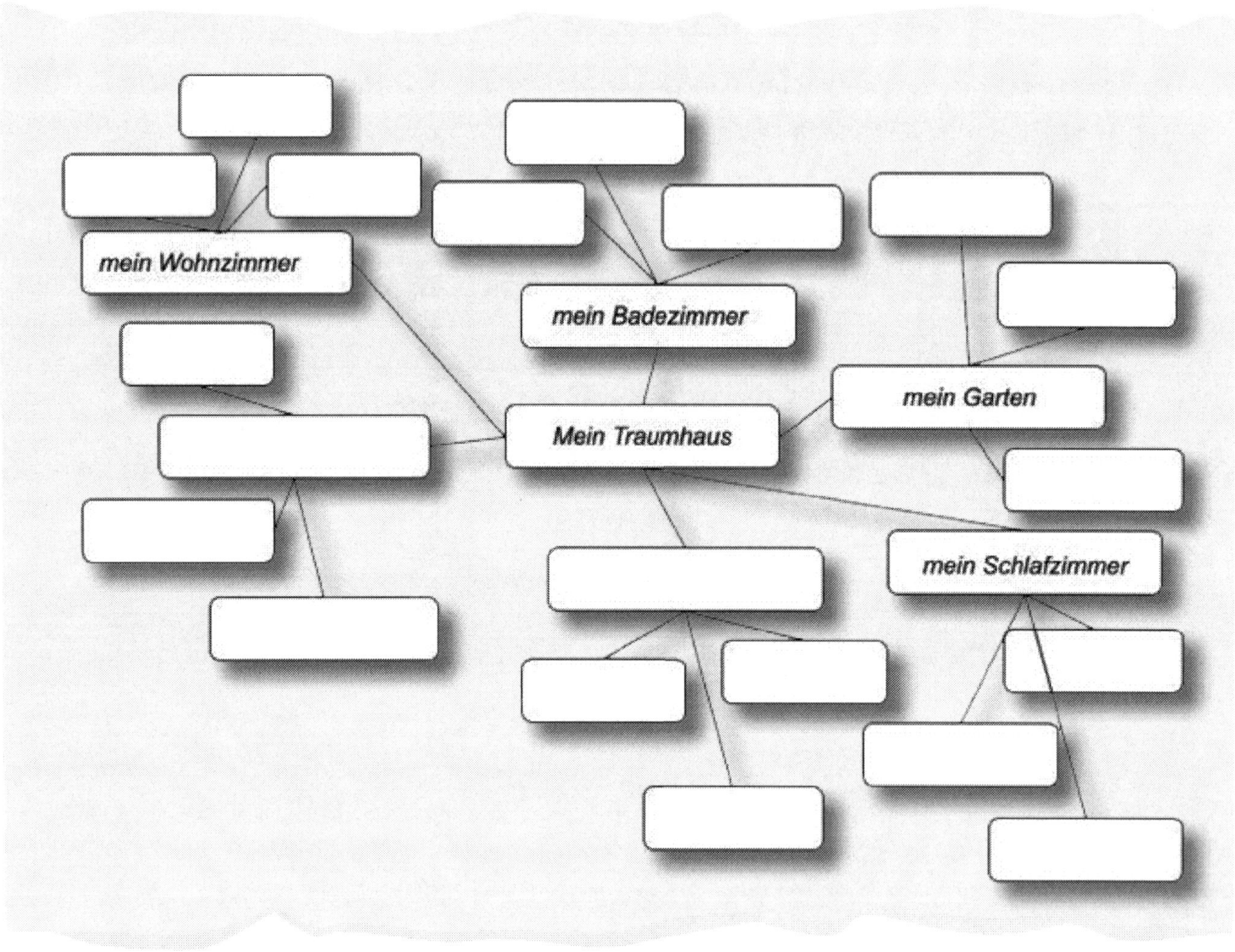

b) Beschreibe deinen Lieblingsraum in deinem Traumhaus.

2. Beantworte folgende Frage: „Warum solltest du niemals Wasser verschwenden?" Die Textsorte kannst du frei bestimmen.

3. Beschreibe für einen Freund den Weg vom Kiosk zur Polizei. Auf dem Weg soll er bei der Bäckerei ein Brot holen und im Hotel bei deiner Tante abgeben.

Lösungen

Verstehend lesen

Name	Giraffengazelle
Größe und Gewicht	Größe: 110 Zentimeter Gewicht: zwischen 32 und 50 Kilogramm
Ernährung	Die Giraffengazellen fressen hauptsächlich Blätter. Beim Fressen stellen sie sich auf die Hinterbeine, um die leckeren Akazienblätter zu erreichen. Dabei halten sie sich mit den Vorderläufen an den leichten Akazienzweigen. Durch diese Art der Nahrungsaufnahme haben sie kaum Konkurrenz, wenn Trockenzeiten das Angebot verringern.
Lebensweise	Die Weibchen leben mit ihren Jungen in kleinen Gruppen von zwei bis fünf Tieren. Ausgewachsene Männchen sind territoriale Einzelgänger, die zur Paarungszeit versuchen, Weibchen in ihren Revieren zu halten und sich mit ihnen zu paaren.
Lebensraum	Du findest sie nur in Äthiopien, Somalia, Kenia und Nordtansania. Das sind alles Länder auf dem großen Kontinent Afrika. Sie leben am liebsten in der sogenannten Buschsavanne. Dort wachsen vor allem hohe Gräser und Affenbrotbäume.
Besonderheiten	Außerdem kommen sie mit sehr wenig Wasser aus. Sie nutzen die Feuchtigkeit in ihrer Nahrung sehr gut und verbrauchen sie sparsam, weil ihre Nieren auf einen sehr geringen Flüssigkeitsbedarf eingerichtet sind. So sind Giraffengazellen gegenüber vielen anderen Tieren der Trockensavannen nicht darauf angewiesen, Wasserstellen zu suchen. Einzigartig ist sie aber wegen ihrem langen und schlanken Hals, der ihr auch ihren Namen gibt. Sie sind elegante und wunderschöne Tiere. In ihrer Umgebung sind sie leicht zu übersehen. Denn sie sind der Natur meisterhaft angepasst, durch ihre Fellfarbe und Musterung. An der Oberseite des Körpers hat die Gi-

raffengazelle eine rehbraune Färbung und die Flanken, der Hals und die Läufe sind hellbraun und setzen sich deutlich von der weißen Bauchseite ab. Die Männchen tragen kurze bis 45 cm lange Hörner. 4. Die Giraffengazelle ist eine Mischung aus Gazelle und Giraffe. Sie hat sich sehr gut an ihren Lebensraum und dir Wasserknappheit angepasst.

5. falsch, wahr, wahr, falsch, wahr

Die Sonne

4.

a) Die Sonne ist 4,6 Milliarden Jahre alt.

b) Die Sonne ist rund.

c) Um genau zu sein, strahlt 1 m^2 der Sonne heller als 1 Million Glühbirnen.

d) Die Sonne ist 149597870700 Meter von der Erde weg.

e) Die Sonne ist ein Stern.

f) Wäre die Sonne ein Hohlkörper, würden ungefähr 960000 Erdkugeln hineinpassen. Könnte man diese Erdkugeln so anordnen, dass es keine Zwischenräume gäbe, dann böte die Sonne sogar Raum für circa 1,3 Millionen Erden. Um die Oberfläche der Sonne komplett einzuhüllen, würde man 11990 Erdoberflächen benötigen.

Kabelsalat

4. falsch, wahr, falsch, falsch, falsch, falsch

Alles verstanden? Teste dein Wissen

1.

b) Der Eiffelturm ist ein hoher Turm in der Mitte von Paris. Der Turm ähnelt der Form einer Pyramide, allerdings mit leicht gebogenen Seiten. Er ist 300 Meter hoch, mit Antenne 324 Meter. Es gibt 3 Etagen und neun Aufzüge, die bis zur dritten Etage in etwa 275 Metern Höhe führen. Die zweite Etage ist etwa 115 Meter hoch, bis dort kann man auch zu Fuß die Treppen hochlaufen.

2.

a) Wenn du jemanden überredest, dir einen Gefallen zu tun, wird er oder sie dich sympathischer finden.

b) Wir sind eher bereit, derselben Person einen weiteren Gefallen zu tun.

Grammatik und Rechtschreibung

Fachbegriffe Grammatik / Wortarten bestimmen

1.

a) Adjektiv, Verb, Substantiv

b) Possessivpronomen, Verb, Temporaladverb

c) Artikel, Adverb, Substantiv

2. Lauras Tochter (Subjekt, Person) kaufte (Verb) ihrem (Possessivpronomen) Freund (Substantiv) eine (unbestimmter Artikel) bunte (Adjektiv) Krawatte (Substantiv) auf (Präposition) dem (bestimmter Artikel) Wochenmarkt (Substantiv).

3.

a) es **b)** uns **c)** dein **d)** ihm **e)** ihr

4. Bestimme die Wortarten so genau wie möglich.

die	→	bestimmter Artikel, feminin
leichte	→	Adjektiv
fuhr	→	Verb, Präteritum, 1. oder 3. Person Singular
Auf	→	Präposition
guter	→	Adjektiv
ihr	→	Personalpronomen 2. Person Plural, oder Possesiv-pronomen 3. Person Singular
sonntags	→	Temporaladverb
schön	→	Adjektiv
Essen	→	Substantiv
ein	→	unbestimmter Artikel, maskulin oder neutrum

Zeichensetzung

1.

a) Gestern Abend ging ich nach dem Abendbrot noch einmal spazieren.

b) Was war das heute für ein langweiliges, viel zu langes Buch?

c) Wir haben gestern im Kino einen lustigen, spannenden Film gesehen.

d) Sie wollte dieses lange, wunderschöne Kleid unbedingt zur Hochzeit anziehen.

e) Die Sonne steht hoch am wolkenfreien blauen Himmel.

f) Liebe Tante Uli, dürfen wir dich in den Ferien wieder besuchen kommen?
g) Im Sommer fahren wir nach Paris, die Stadt der Liebe.
h) Für das Bild benötigt ihr rote, grüne und blaue Stifte.

2.

a) Der Marktplatz füllte sich zunehmend mit Menschen, denn der Weihnachtsmarkt wurde eröffnet.
b) Zum Glück kam es zu keinem Chaos, sondern die Menschen verhielten sich alle höflich.
c) Bald waren alle mit Zuckerwatte versorgt, aber viele gingen direkt nach Hause, weil es so kalt war.

3.

a) Petra liebt ihr neues Auto, das sie neu gekauft hat.
b) Wir gehen heute zu dem Strand, den wir auf der Landkarte entdeckt haben.
c) Theo ist ein Junge, der es liebt zu tanzen.
d) Wilhelmine liebt das Kleid, das Oma ihr zum Geburtstag geschenkt hat.
e) Jeder kennt Tills Brüder, die immer nur streiten.

Zeitformen

1.

a) sie sind gegangen → 3. Person Plural, Perfekt
b) wir hatten versucht → 1. Person Plural, Plusquamperfekt
c) du gehst → 2. Person Singular, Präsens
d) ich werde warten → 1. Person Singular, Futur I
e) sie traf → 3. Person Singular, Präteritum
f) ihr seid eingeladen → 2. Person Plural, Perfekt
g) es gewittert → 3. Person Singular, Präsens

2.

a) 2. Person Singular Präsens, dürfen → du darfst
b) 1. Person Plural Präteritum, treffen → wir trafen
c) 1. Person Singular Perfekt, trinken → ich habe getrunken
d) 2. Person Plural Futur, lachen → ihr werdet lachen
e) 3. Person Plural Plusquamperfekt, liegen → sie hatten gelegen
f) 3. Person Singular Präteritum, begehen → er beging

3.

a) denken → ich habe gedacht
b) singen → du hast gesungen
c) sehen → er hat gesehen
d) hoffen → wir haben gehofft
e) lachen → ihr habt gelacht

4.

a) Ich habe gern Zeitschriften gelesen.
b) Ich bin in Südamerika.
c) Ich werde das Bild selbst malen.
d) Sie hatte die Polizei gerufen.

Aktiv und Passiv

1.

a) Passiv b) Aktiv c) Passiv d) Aktiv

2.

a) Für die Schule wird am besten schon vormittags gelernt.
b) Der Tanz wird von den Schülern und Schülerinnen bei der Jahresfeier der Schule vor 150 Zuschauern vorgeführt.
c) Bei der Hochzeit wurde von den Gästen bis tief in die Nacht gefeiert.
d) Das Gehalt wird von der Firma schon zum Monatsende überwiesen.

3.

a) Man fängt den Ball.
b) Jemand konnte die Diebe festnehmen.
c) Sie aßen den Kuchen.
d) Diebe überfielen die Bank gestern Nachmittag.
e) Sie hatte das englische Wort schon wieder falsch ausgesprochen.
f) Wir werden euch informieren.

Konjunktiv und indirekte Rede

1.

a) Über die genaue Ursache des Unfalls könne aus polizeilicher Sicht noch keine Aussage getroffen werden.
b) Die Polizeibeamten sagen, der Erpresser fordere eine Summe von eine Millionen Euro.

c) Jana meinte, sie glaube das ihrem Bruder nicht.
d) Man nehme eine Prise Zucker, 100g Mehl, 2 Eier und etwas Milch.
e) Martin sagt, er wisse nichts von dem Streit zwischen Theo und Karl.

2.

a) Klara sagt, sie gehe in die Bibliothek.
b) Die Lehrerin sagt zu Paul, er habe eine 1 in Mathe.
c) Die Mutter sagt zu ihrem Sohn, er müsse jetzt sein Zimmer aufräumen.
d) Laura meint zu Edith, der Film gefalle ihr gut.
e) Die Fußballer jubeln, sie freuen sich über den heutigen Sieg.

3.

a) Sie dachte, ihr seiet schon auf dem Spielplatz.
b) Sie träumte, sie sei durch die Abschlussprüfung gefallen.
c) Alle glauben, wir seien Geschwister.
d) Sie behauptet, du seist schon in der 10. Klasse.
e) Mein Lehrer sagt, ich sei zu faul.

4.

a) „Heute Nachmittag werde ich nach Berlin fahren, um mir die Berliner Mauer anzusehen.", erzählte Frau Watschig.
b) Johanna berichtet von ihrem Urlaub: „Nach dem Besuch im Kino haben wir eine Wanderung gemacht."
c) „Wenn ich mit den Hausaufgaben fertig bin, hole ich mir ein Eis.", beschließt Thea.
d) Aufgeregt erzählt Theo: „Und dann hat das Lama mich einfach angespuckt!"
e) „Morgen fahren mein Vater und ich in den Urlaub!", freut sich Steffi.
f) Julia fragt: „Wie lange gehen wir bis zum Gipfel?"
g) „Zu meiner Geburtstagsfeier kommen 12 Kinder und 5 Erwachsene.", berichtet Julian.

Rechtschreibregeln

1. Schild, gierig, kitzeln, Brief, Stirn, frieren, Papier, Ziel, Spiel, Hindernis

2.

a) Bieber
b) Maschine
c) Familie
d) Tiger
e) Kino
f) Vampir

3. Glo-cke, Hit-ze, Bli-cken, krat-zen, Wit-ze, We-cken, Müt-ze, Kat-ze
4. die Jacke, der Trick, dreckig, ekeln, die Schaukel, Laken, zurück, packen, der Haken, der Geschmack
5. das Herz, verletzen, geizig, setzen, schützen, der Platz, spitz, die Schnauze, die Hitze, der Weizen
6. beschloss, Klasse, Herbstfest, Klassenlehrer, dass, erst, müssten, dass, das, Klassenzimmer, das, Hausmeister

Alles verstanden? Teste dein Wissen

1.

a) Lewin beeilte sich mit den Hausaufgaben, weil er heute unbedingt Fußball spielen will.

b) Nachdem er den ersten Teil der Serie gesehen hatte, wollte Kim unbedingt noch eine Episode gucken.

c) Leider konnten sie das Fahrrad, das Tom zum Geburtstag bekommen hatte, nicht finden.

d) Weil Mama noch arbeiten war, musste Papa das Baby ins Bett bringen.

e) Vor der Hochzeit waren sie so aufgeregt, dass sie sogar vergessen hatten zu essen.

f) Er beeilte sich, damit er mehr Zeit mit seinen Freunden verbringen konnte.

g) Er brauchte einen Schraubenzieher, um die Schraube zu lösen.

2.

	das Haus	die Tänzerin
Singular		
1. Fall	das Haus	die Tänzerin
2. Fall	des Hauses	der Tänzerin
3. Fall	dem Haus	der Tänzerin
4. Fall	das Haus	die Tänzerin
Plural		
1. Fall	die Häuser	die Tänzerinnen
2. Fall	der Häuser	der Tänzerinnen
3. Fall	den Häusern	den Tänzerinnen
4. Fall	die Häuser	die Tänzerinnen

3. Adjektive beschreiben einen Gegenstand oder eine Person. Sie werden wie Verben immer kleingeschrieben. Mit Adjektiven kann die Farbe, die Größe, der Charakter

oder jede andere Eigenschaft beschrieben werden. Adjektive erkennt man, indem man fragt „Wie ist der Gegenstand? / Wie ist die Person?

4.

a) mein, dein, sein

b) ein, eine, einen

c) schnell, langsam, vorsichtig

d) da, dass, denn, desto

e) drei, einer, halb, die Hälfte, vierter

5. das Konto → die Konten, das Album → die Alben, die Hand → die Hände, der Baum → die Bäume, das Material → die Materialien, das Lexikon → die Lexika

6.

a) Unser Chef sagte, es sei höchste Zeit für ein neues Büro.

b) Svens kleine Schwester denkt, die Erde sei rund.

c) Die Kundin beschwerte sich, der Preis hätte sich erhöht.

d) Er verspricht, er erledige das sofort.

e) Alle sagen, Theo rede zu viel.

7.

Positiv	Komparativ	Superlativ
klug	klüger	am klügsten
lieb	lieber	am liebsten
viel	mehr	am meisten
hoch	höher	am höchsten
stark	stärker	am stärksten
gut	besser	am besten

8.

a) 3. Person Plural, Perfekt

b) 3. Person Singular Plusquamperfekt

c) 3. Person Singular Präteritum

d) 2. Person Plural, Futur I

e) 1. Person Singular, Futur I

f) 1. Person Plural, Perfekt

9.

a) Der Mond konnte am besten am frühen Abend gesehen werden.

b) Die Namen der Beteiligten wurden bei der Berichterstattung vergessen zu nennen.

c) Nur seine Freunde wurden von Tim zu seiner Geburtstagsfeier eingeladen.

10.

a) Die Helfer sammelten den Müll ein.

b) Man konnte die Katze nicht mehr finden.

c) Die Kinder hatten die Pizza gegessen.

11.

a) Ich bin in die neue Schule gegangen.

b) Tom ist noch im Kino.

c) Sie wird den Besuch lange planen.

d) Sie waren mit dem Auto in den Urlaub gefahren.

Lesetechnik und Textsorten

Lesetechniken

1. Es geht um den Frühlingsbeginn und wie die Natur wieder erwacht nach einem kalten Winter.
2. Wachgeküßt vom Frühlingswinde – Metapher, Und der Himmel wonnig blaut.- Metapher, Prangt im Auferstehungskleide, Die Natur – ihr Goldgeschmeide – Metapher

Literarischer Text – Märchen

1. Typisch für ein Märchen ist die Anfangsformel: Es war einmal …, Zeit und Ort des Geschehens werden nicht genau genannt, Märchen spielen aber in der Vergangenheit, Der Held muss eine Aufgabe oder ein Problem lösen, Es gibt einen bösartigen Gegenspieler, Personen oder Dinge mit übernatürlichen Eigenschaften helfen dem Helden oder schaden ihm (Hexen, Zauberer), Dinge oder Tiere können oft sprechen, Oft spielt ein König, eine Königin, eine Prinzessin oder ein Prinz eine wichtige Rolle, Auch wertvolle Dinge haben im Märchen eine symbolische Bedeutung (Der goldene Ring steht z.B.: oft für Verbundenheit und Liebe), Es gibt oft ein glückliches Ende, manchmal auch ein böses Ende, Oft endet ein Märchen mit den Worten: Und wenn sie nicht gestorben sind…
2. Wie ein Mädchen ihr Glück fand

Literarischer Text – Fabel

1.

Rabe	Fuchs
diebisch, eitel, besserwisserisch, dumm, schwätzerisch,	schlau, listig, durchtrieben, gemein

2. Wer alles haben will, bekommt am Ende nichts. Wer zu viel auf Schmeicheleien hört, kann leicht überlistet werden. Wer anderen eine Grübe gräbt, fällt selbst hinein
3. Der gierige Rabe, der am Ende alles verlor

Literarischer Text – Kurzgeschichte

1. Der galaktische Klassenausflug
3. Es gibt keine Einleitung. Eine Kurzgeschichte beginnt direkt mit der Handlung. Die handelnden Figuren werden nicht weiter ausführlich beschrieben. Die Orte des Geschehens werden nicht genau genannt. Die erzählte Zeit ist kurz. Das heißt, die Geschichte spielt in wenigen Minuten oder Tagen. Der Schluss einer Kurzgeschichte ist in der Regel offen.

Literarischer Text – Sage

1. Es geht darum, dass angeblich Krokodile in der Kanalisation leben.
3.

	Heldensage	Örtliche Sage	Moderne Sage	Göttersage
Gemeinsamkeiten	▸ sie erzählen von unerklärlichen Begebenheiten ▸ der Aufbau			

	Heldensage	Örtliche Sage
Unterschiede	sie beinhalten fantastische Figuren und Ereignisse, einen Helden	es geht um einen bestimmten Ort

	Moderne Sage	Göttersage
Unterschiede	sie erzählen von verrückten Begebenheiten in der heutigen Zeit	sie erzählen von Göttern, die unter Menschen leben

Sachtext – Brief

1. Briefkopf, Anrede, Einleitung / Hauptteil / Schluss, Grußformel, Unterschrift

Sachtext – Vorgangsbeschreibung

1.

a)

einen Anfang	ein Ende	eine zeitliche Abfolge
zuerst, zu Beginn	zum Schluss, am Ende, zuletzt	danach, sobald, anschließend, nun, bevor, dann, gleich, darauf, zunächst, schließlich, jetzt

b) Zuerst rührst du den Teig an. Zu Beginn legst du alle Zutaten bereit. Am Ende schiebst du den Kuchen in den Ofen. Zuletzt noch mit etwas Salz würzen. Danach kräftig rühren. Zunächst alle Zutaten in die Schüssel geben.

2. Eine Vorgangsbeschreibung ist ein informierender Text. Er ist genau, aber auch so sachlich wie möglich geschrieben. Eine Beschreibung wird stets kurz und im Präsens geschrieben. Durch treffende Verben und passende Adjektive erhält der Leser eine bessere Vorstellung von der Tätigkeit und kann sie einfach nachvollziehen. Jede Vorgangsbeschreibung beginnt mit einem kurzen, aber aussagekräftigen Titel, der neugierig auf die Anleitung machen soll. Es gibt einen Einleitungssatz, der beschreibt, worum es in der Beschreibung geht und was das Ergebnis ist. Im Anschluss daran werden die benötigten Materialien, Zutaten und Werkzeuge mit der passenden Mengenangabe aufgeführt. Im Hauptteil helfen Wörter wie zuerst, bevor, danach, nun, während, jetzt, zum Schluss dabei, die einzelnen Arbeitsschritte in der richtigen Reihenfolge aufzuführen.

Sachtext – Stellungnahme

1. Der Autor / die Autorin ist für Schuluniformen. Zum Beispiel, dass alle Schüler und Schülerinnen nicht mehr überlegen müssten, was sie jeden Tag anziehen. Man könnte dann morgens länger schlafen. Außerdem würde es keine Unterschiede mehr geben, ob jemand coolere Klamotten trägt als andere. Dadurch würden vielleicht weniger Schüler und Schülerinnen gemobbt werden. Ein weiteres Argument für Schuluniformen ist es, dass jeder weiß, welche Schule man besucht. Ich denke wir Schüler und Schülerinnen würden uns dadurch mehr als Einheit verstehen, wo keiner mehr ausgegrenzt wird.

Sachtext – Zeitungsartikel

1. Es geht um 2 außergewöhnliche Katzen.

2.

a) Japan

b) 32 Jahre

c) Roberto kündigte seinen Job und pflegt jetzt seine alte Dame.

d) Seine Besitzerin teilte nur zufällig einen kleinen Ausschnitt von ihm auf YouTube. Dabei sah es so aus, als würde er ein breites Grinsen im Gesicht haben. Das war aufgrund seiner außergewöhnlichen Fellfarben der Fall. Aufmerksame Zuschauer sahen sofort, dass Takeshi ein ganz ausgefallener kleiner Kerl ist, und forderten mehr Videos.

Sachtext – Bericht

1. Wer? Dieses Mal traf es einen Jungen.
   Wann? Vergangenen Freitag. Das BMX muss irgendwann zwischen Schulbeginn und Schulschluss gestohlen worden sein. Also zwischen 7.30 und 13.30 Uhr.
   Wo? Das BMX war hinter der Schule, neben der Skaterbahn angeschlossen.
   Was? Es wurde ein Fahrrad geklaut. Es handelt sich um ein klassisches BMX in den Farben Grün, Orange und Türkis.
2. Ob es Zeugen gibt, wie die Polizei jetzt weiter vorgeht, wie die Täter vorgegangen sind

Alles verstanden? Teste dein Wissen

1.

a) Märchen: unbestimmte Zeit- und Ortsangabe, Anfang und Ende formelhaft, Gut und Böse, gegensätzliche Märchengestalten, Zahlensymbolik, wundersame Dinge, namenlose Märchengestalten

b) Sagen: mündlich überlieferte Erzählung, Handlung: häufig Kampf, Bewährung, Sieg oder Niederlage, wundersame Wesen (z.B. Feen oder Riesen), realistischer Kern, spielt in der Vergangenheit

c) Fabeln: kurze Erzählung, keine Zeit- und Ortsangaben, Tiere oder Pflanzen mit menschlichen Eigenschaften, jedes Fabeltier besitzt ganz bestimmte Eigenschaf-

ten (der Wolf ist zum Beispiel böse und verlogen), menschliches Verhalten wird kritisiert, nach jeder Fabel findest du eine Lehre oder Moral

d) Rezept: Schreibe deine Vorgangsbeschreibung in der Gegenwart., kurz, unpersönliche, sachliche Sprache, Tatsachen beschreiben, gegliedert in Einleitung, Hauptteil, Schluss

e) Kurzgeschichte: relativ kurz, keine Einleitung, sondern unmittelbarer Beginn der Handlung, keine ausführliche Vorstellung der Figuren oder des Handlungsortes, beschränkt auf wenige Figuren, beschränkt auf ein zentrales Thema oder einen zentralen Konflikt, meistens werden alltägliche Probleme behandelt, häufig in Alltagssprache oder sogar Umgangssprache geschrieben, meist plötzliches und offenes Ende

2.

Sachtext	Literarischer Text
E-mail, Zeitungsartikel, Bericht, Leserbrief, Diskussion, Interview, Aufbauanleitung für Möbel, Stellenausschreibung	Märchen, Lügengeschichte, Liebesroman, Detektivgeschichte, Legende, Witz

3. Die Fünf-Schritt-Lesemethode

1. Überfliege den Text! Zuerst die Überschrift: Lies sie und mache dir ihre Bedeutung klar. Gibt es Wörter, die hervorgehoben sind? Achte auf diese Wörter. Was weißt du schon und was ist neu für dich? Überlege, worum es in dem Text im Großen und Ganzen geht.
2. Stelle Fragen! Stelle Fragen an den Text. Verwende die W-Fragen: Wer? Was? Wann? Warum? Wo? Lies dir die Aufgabenstellung zum Text genau durch.
3. Lies gründlich! Kläre unbekannte Begriffe. Markiere wichtige Stellen mit verschiedenen farbigen Stiften. Notiere Schlüsselwörter. Das sind besonders wichtige Wörter. Formuliere Überschriften für einzelne Textabschnitte. Besonders schwierige Abschnitte solltest du mehrmals bearbeiten.
4. Fasse Wichtiges zusammen! Fasse den Inhalt des Textes abschnittweise zusammen. Verwende eigene Formulierungen und verknüpfe die Sätze mithilfe von Einleitewörtern. Du kannst auch eine Mindmap oder Skizze erstellen, um den Inhalt bildlich darzustellen.

5. Wiederhole! Wiederhole die Informationen des ganzen Textes mit eigenen Worten. Du kannst die Zusammenfassung als zusätzliche Übung jemandem laut vortragen. Du kannst dein Wissen auch in Form eines Plakats darstellen.

Texte schreiben

Texte planen

Hier geht es um deine eigenen Gedanken. Es gibt kein richtig oder falsch.

Informieren, erzählen und argumentieren

Hier geht es um deine eigenen Gedanken. Es gibt kein richtig oder falsch.

Von Erlebnissen erzählen

Hier geht es um deine eigenen Gedanken. Es gibt kein richtig oder falsch.

Deine Meinung zählt

Hier geht es um deine eigenen Gedanken. Es gibt kein richtig oder falsch.

Beschreibungen

Hier geht es um deine eigenen Gedanken. Es gibt kein richtig oder falsch.

Alles verstanden? Teste dein Wissen

Hier geht es um deine eigenen Gedanken. Es gibt kein richtig oder falsch.

Wichtige Hinweise:

Die Inhalte des Buches wurden mit größter Sorgfalt und Gewissenhaftigkeit recherchiert und erarbeitet. Wir gehen deshalb davon aus, dass alle Angaben und Informationen sowie die Empfehlungen richtig sind. Dennoch geben wir keine Gewähr. Weder die Autorin noch der Verlag werden Haftungen für Nachteile oder Schäden übernehmen, welche auf die Inhalte des Buches zurückzuführen sind.

Bei Fragen und Anregungen stehen wir Ihnen gerne zur Verfügung: verlags.kontakt@gmail.com

Verlag: Kids Lernspaß Verlag
Zenit Verlagskreis LLC, 30 N Gould St Ste N, 82801 Sheridan, Wyoming, USA
Layout & Satz: publish4you, Roßleben-Wiehe

Printed in Poland
by Amazon Fulfillment
Poland Sp. z o.o., Wrocław

46174427R00085